JOSEF NESCHEN

URUGUAY

Besonderheiten eines Verfassungssystems

Schriften zum Völkerrecht

Band 24

URUGUAY

Besonderheiten eines Verfassungssystems

Von

Dr. Josef Neschen

DUNCKER & HUMBLOT / BERLIN

ISBN 3 428 02767 1

Meinen Eltern

Inhalt

Dritter Abschnitt

Die Verfassung von 1967   91

Die Entwicklung bis 1951

§ 1: Von der Kolonialisierung bis zur Unabhängigkeit

In seiner mehr als 140jährigen Geschichte hat das unabhängige Uruguay, nach einer ersten Periode politischer Formung, sechs große Verfassungen gehabt.

Der bahnbrechende, allgemein als vorkonstitutionell bezeichnete Zeitraum von 1825 bis 1827 begann mit einem durch den Befreiungskrieg gegen Brasilien von 1825 eingeführten System. Dieser Befreiungskrieg hatte sich von Anfang an zum Ziel gesetzt, dem unabhängigen Staat eine Organisation zu geben, die den geschichtlichen Gegebenheiten gerecht wurde. Man glaubte nicht an die völlige Befreiung des Landes, das noch von fremden Truppen besetzt war, die die vorhandenen Anfänge einer institutionellen Ordnung im Keim ersticken sollten. Doch während die brasilianischen Truppen Montevideo noch besetzt hielten und während der Kampf im Inneren des Landes immer ernstere Formen annahm, bildeten sich bereits erste provisorische Behörden, die ihren Sitz je nach dem Verlauf der Kämpfe verlegen mußten[1]. So entstanden die grundlegenden Institutionen, die sich in einer Linie mit der allgemeinen Gesetzgebung und der Verwaltungstätigkeit des werdenden Staates unaufhaltsam heranbildeten.

In diesen Anfängen uruguayischer Verfassungsentwicklung lag die Regierungsgewalt in den Händen eines Gouverneurs, während die gesetzgebende Gewalt, in der Form des Ein-Kammer-Systems, von der „Junta de Representantes", dem Repräsentantenhaus, ausgeübt wurde. Diese „Junta de Representantes" trat nacheinander in den uruguayischen Provinzstädten Florida, Canelones, San José und wieder in Canelones zusammen. Diese „Junta de Representantes" übernahm in der Folgezeit auch verfassunggebende Funktionen. In dieser Richtung ergingen bereits zu jener Zeit verschiedene Dekrete. Einige betrafen den organisatorischen Teil jener „constitución material": Ein Gouverneur, der für die Dauer von drei Jahren von der Junta zu wählen war; drei Minister

---

[1] Vgl. *De la Bandera*, S. 11.

(Verwaltung, Finanzen und Krieg); die „Junta de Representantes", die aus 40 Delegierten bestand, die allgemein und indirekt gewählt wurden; und schließlich die „Comisión Permanente", eine ständige Kommission, die bei Verhinderung der Junta (Auflösung, Parlamentsferien, usw.) in Aktion trat.

Am 1. Januar 1827 wurden die „Cabildos" (Gemeinderäte) aufgelöst. Damit wurde eine Neuordnung der richterlichen Gewalt erforderlich. Man schuf einen sogenannten „Tribunal de Apelaciones", der aus 5 Mitgliedern bestand, sowie zahlreiche Friedensrichter „erster Instanz", denen die Befugnis zur Rechtsprechung der inzwischen aufgelösten Magistrate übertragen wurde. Auf kommunaler Ebene traten an ihre Stelle Polizeikommissare und sogenannte „Alcaldes de Cuarteles" (Bezirksbürgermeister).

Mit Beschluß vom 28. März 1927 billigte die „Junta de Representantes" die Verfassung von 1826, die zuvor von dem „Allgemeinen Verfassungskongreß" der in Buenos Aires zusammengetretenen „Provincias Unidas del Río de la Plata"[2] gutgeheißen worden war. Der Gang dieses Kongresses hatte den Aufbau der Gerichts- und Verwaltungsordnung beeinflußt, die sich die „Provincia Oriental"[2] bereits 1826 gegeben hatte. Auf Grund des Status von 1827 blieb die Verwaltung der Departements bei den „Consejos Locales", die später eingerichtet wurden.

In dem, was man heute als „Parte organica" des Verfassungssystems von 1825 bis 1827 bezeichnen kann, stachen insbesondere das Gesetz über die Abschaffung von Sklavenhandel und Leibeigenschaft und die Erklärung der allgemeinen Menschenrechte hervor[3].

Die verfassungsmäßige Ordnung wurde zum ersten Mal am 4. Oktober 1827 unterbrochen, als General Lavalleja die „Junta de Representantes" auflöste, den Gouverneur Joaquín Suárez absetzte und die Diktatur einführte. Unter diesem Regime wurde auch die vom Repräsentantenhaus geschaffene Gerichtsordnung aufgehoben. Und an die Stelle der Berufsrichter traten sog. „Alcaldes". Zugleich setzte man in jedem Departement einen Armen- und Minderjährigenanwalt und einen Steuerbeamten ein. Diese drei Beamten bildeten den „Concejo de Administración", ein Verwaltungsrat, der in erster Linie für die Aufrechterhaltung der öffentlichen Ordnung verantwortlich war, der darüber hinaus aber auch befugt war, Anregungen und Anträge jeder Art entgegenzunehmen und weiterzuleiten.

---

[2] „Vereinigte Provinzen am Río de la Plata", Gebiet des heutigen Argentinien, denen am 25. August 1825 die „Provincia Oriental" (Ostprovinz), das heutige Uruguay, beitrat.

[3] Vgl. *De la Bandera*, S. 12.

Der Friedensvertrag vom Jahre 1828, geschlossen zwischen den „Provincias Unidas del Río de la Plata" und dem Brasilianischen Reich, beendete — auf Vermittlung der Engländer — den Krieg zwischen den vertragschließenden Parteien, die zugleich auf ihre angeblichen Rechte an der „Provincia Oriental" verzichteten, die nun selbst einen freien und unabhängigen Staat gründen sollte.

Die Unabhängigkeit des neuen Staates wurde in Artikel 1 und 2 jenes Friedensvertrages geregelt, der am 27. August 1828 in Rio de Janeiro unterzeichnet wurde. Artikel 10 dieses Vertrages legte aber fest, daß bis fünf Jahre nach dem Eid auf die Verfassung des neuen Staates die vertragschließenden Regierungen die neue Republik noch vor möglichen bewaffneten Unruhen schützen sollten.

Die volle Unabhängigkeit erlangte Uruguay demnach also erst am 18. Juli 1835, fünf Jahre nach dem Eid auf die Verfassung von 1830[4].

Mit der Unterzeichnung des Friedensvertrages von Rio de Janeiro wurde die „Asamblea de Florida"[5] zur verfassung- und gesetzgebenden Versammlung des neuen Staates. Die Gesetze, die diese „Asamblea de Florida" seit 1825 beschlossen hatte, schufen politisch und verwaltungsmäßig die neue Republik und waren zugleich unmittelbare Quelle für die Verfassung von 1830, der ersten Verfassungsurkunde des unabhängigen Uruguay[6].

§ 2: Die erste uruguayische Verfassung

Zwar hatte es schon von 1825 bis 1828 eine eigene verfassungsmäßige Ordnung gegeben, Uruguay war damals aber noch Teil eines übergeordneten Gebildes, der „Vereinigten Provinzen am Río de la Plata". Noch in der Verfassung von 1830 sind Tendenzen zu finden, die einer Einverleibung Uruguays in ein größeres Staatsgebilde nicht gerade ablehnend gegenüberstanden. So wurde Uruguay zunächst auch als „Estado Oriental del Uruguay" bezeichnet, ein Name, der eigentlich mehr einem integrierenden Bestandteil eines Bundesstaates als einem unabhängigen, selbständigen Völkerrechtssubjekt eigen sein konnte. Dieser Name wurde später von der Verfassunggebenden Versammlung abgeändert. Aber auf Grund eines Redaktionsversehens wurde diese Bezeichnung doch noch in Artikel 1 der Verfassung von 1830 aufgenommen[7].

---

[4] Vgl. *Pablo Blanco Acevedo*, Centenario, S. 35 ff,; *J. Jiménez de Aréchaga*, Centenario, S. 153.

[5] So nannte sich die „Junta de Representantes", die sich am 18. August 1825 in Florida konstituiert hatte.

[6] Vgl. *Gros Espiell*, Las Constituciones, S. 33.

[7] Art. 1: «El Estado Oriental del Uruguay es la asociación política de todos los ciudadanos comprendidos en los nueve departamentos actuales de su territorio.»

Aber auch bei der Regelung der Zuständigkeiten der gesetzgebenden Gewalt spielte die Verfassung von 1830 auf den Abschluß von Friedensverträgen, Bündnissen und solchen Abmachungen an, die die Möglichkeit zuzulassen schienen, daß die Republik Uruguay eines Tages in einer größeren politischen Einheit aufgehen könnte[8].

I. Quellen

Der Verfassunggebenden Versammlung und insbesondere ihrem Verfassungsausschuß diente bei der Ausarbeitung und Beratung der neuen Verfassung eine Anzahl von Quellen. So lagen dem Verfassungsausschuß nach letzten Forschungsergebnissen zumindest 2 Projekte vor: eins von Dámaso Antonio *Larrañaga* und ein weiteres von Manuel *Errázquin*[9].

An ausländischen Quellen übten die französischen Verfassungen, die nordamerikanische Verfassung und die Verfassung von Cádiz[10] einen indirekten Einfluß auf die uruguayischen Verfassungsväter aus. Auch wenn es sicher sein dürfte, daß diese Texte während der Ausarbeitung der ersten uruguayischen Verfassung nicht als Arbeitsunterlage dienten, beeinflußten sie die Verfassung von 1830 doch insoweit, als die verschiedenen Institute jener Texte — das republikanisch-repräsentative System, die allgemeinen Menschenrechte, das Präsidialsystem, das 2-Kammer-System, usw. — den meisten uruguayischen Verfassungsvätern so geläufig waren, daß sie sie kaum unberücksichtigt lassen konnten.

Aber auch die bolivianische Verfassung von 1826 und die chilenischen Verfassungen von 1822, 1823 und 1828 übten einen gewissen Einfluß aus. Dies ist verständlich, wenn man berücksichtigt, daß einige der uru-

---

[8] Art. 17: «A la Asamblea General compete ... 7) Decretar la guerra y aprobar o reprobar los Tratados de paz, alianza, comercio y cualesquiera otros que celebre el Poder Ejecutivo con potencias extranjeras.»

[9] Vgl. *Montero*, Un antecedente constitucional desconocido, in: Revista Histórica, Nr. 37, Montevideo, 1941, S. 3.

[10] Auch „Cortes-Verfassung" genannt; die in der südspanischen Stadt Cádiz versammelten „Cortes", Ständevertreter aus den nicht von den Franzosen besetzten Provinzen, beschlossen am 19. März 1812 eine spanische Verfassung, die fast die ganze Gewalt in die Hände der Volksvertretung legte. Wie beim Vorbild, der französischen Verfassung von 1791, sollten die nach einem Zensus mittelbar gewählten „Cortes" die einzige Kammer sein. Die Gegner dieser Verfassung bestritten wegen der Unvollständigkeit der Cádizer Cortesversammlung die Legitimität der Verfassung. An der Ausarbeitung dieser Verfassung war Uruguay — damals noch spanisches Territorium — durch einen Deputierten vertreten. Die Verfassung wurde am 24. 9. 1812 in Montevideo veröffentlicht und am 27. 9. 1812 wurde hier auch der Eid auf diese Verfassung abgelegt; vgl. dazu auch *Gallinal*, La Constitución Española de 1812 en Montevideo, in „Revista del Instituto Histórico y Geográfico del Uruguay", Bd. 1, S. 117 und 529.

guayischen Verfassungsväter das politische Leben jener Länder aus eigener Erfahrung kannten[11].

Die bedeutendste Quelle für die Verfassung von 1830 war aber wohl das rioplatensische Verfassungsrecht, insbesondere die argentinische Verfassung von 1826, bei deren Ausarbeitung einige der späteren uruguayischen Verfassungsväter beteiligt waren. Viele ihrer Vorschriften stimmten fast wörtlich mit denen der uruguayischen Verfassung überein[12].

II. Ein abgeschwächtes Präsidialsystem

Die am 18. Juli 1830 feierlich beschworene Verfassung war die erste formale Verfassung der Republik Uruguay. Die Ideen jener Zeit aufgreifend schuf sie in funktioneller wie in territorialer Hinsicht ein einheitliches und zentralisiertes Präsidialsystem lateinamerikanischen Typs.

Der Präsident der Republik, von der Verfassung als „Staatschef" (Artikel 26) und „Chef der allgemeinen Verwaltung" (Artikel 79) bezeichnet, übte die Regierungsgewalt aus. Seine Amtsdauer betrug vier Jahre, gewählt wurde er von der „Asamblea General". Ihm waren drei Minister beigeordnet, deren Zahl aber in der Folgezeit erhöht wurde.

Diese erste Verfassung von 1830 sah für die uruguayische Gesetzgebung das 2-Kammer-System vor: die „Cámara de Representantes", die allgemein und direkt vom Volk gewählt wurde, und die „Cámara de Senadores", die indirekt über eine Departementsausschreibung gewählt wurde, wobei jedes Departement einen Senator stellte. In besonderen Fällen traten beide Häuser als „Asamblea General" zusammen; so bei der Wahl des Staats- und Regierungschefs, bei Meinungsverschiedenheiten, die das Zustandekommen eines Gesetzes erschwerten, ferner für den Fall, daß die „Asamblea General" ihr Veto-Recht gegenüber Regierungsakten ausüben wollte und schließlich bei außerordentlichen Maßnahmen, die von der „Asamblea General" gebilligt werden mußten, ehe sie zur Anwendung kamen. Die Verfassung von 1830 übernahm aus der vorkonstitutionellen Zeit ferner die „Comisión Permanente", der, ohne gesetzgebende Befugnisse zu haben, in gewissen Fällen co-administrative[13] Aufgaben und Kontrollfunktionen oblagen, solange das Parlament selbst verhindert war.

---

[11] Vgl. *J. E. Jiménez de Aréchaga*, Ejecutivo, Bd. 1, S. 5 ff.; *Pivel Devoto*, zit. b. *Gros Espiell*, Esquema, S. 55.

[12] Vgl. *Ravignani*, in „Asambleas Constituyentes Argentinas", Bd. 6, 2. Teil, Buenos Aires, S. 745.

[13] Die „Comisión Permanente", der gem. Art. 54 2 Senatoren und 5 Re-

Das in der Verfassung von 1830 verankerte Prinzip der Gewaltentrennung erlaubte eine Beteiligung der Regierung an der Gesetzgebung.
Andererseits hatte auch das Parlament die Möglichkeit, sich auf Regierungsebene zu beteiligen. So konnte jede der beiden Kammern die Minister zitieren, um von diesen unterrichtet zu werden[14]. Das Repräsentantenhaus hatte darüber hinaus das Recht, den Präsidenten der Republik
wegen bestimmter Vergehen vor dem Senat anzuklagen[15]. Der Senat oder
die „Comisión Permanente" hatten ferner das Recht, gewisse Ernennungen und Abberufungen vorzunehmen, die die Regierung betrafen.

Die „Alta Corte de Justicia" war das höchste Organ der richterlichen
Gewalt. Nach der Verfassung von 1830 waren die Mitglieder dieses obersten Gerichtshofes von der „Asamblea General" zu wählen. Aufbau
und Zusammensetzung dieses Gerichts blieben allerdings einem Gesetz
überlassen, das erst im Jahre 1907 erlassen wurde. Bis dahin wurden die
Aufgaben des obersten Gerichtshofes vom „Tribunal Pleno", der Vereinigung aller „Tribunales de Apelaciones" wahrgenommen.

Die Verwaltung der Departements oblag den „Jefes Políticos", die
von der Regierung ernannt wurden, und den „Juntas Económico-Administrativas", die direkt vom Volk gewählt wurden und vor jeder Gesetzgebung und nationalen Regierungstätigkeit Besserungen einführten, die
sie für notwendig und nützlich hielten[16]. Der Gesetzgebung blieb es
überlassen, ihre Befugnisse näher zu regeln.

Nach der Verfassung von 1830 ist der römisch-katholische Glaube
Staatsreligion, auch wenn im übrigen Religionsfreiheit garantiert war.

Unter den Abschnitten „Poder Judicial" und „Disposiciones Generales" fand sich ein weiterer Katalog von Rechten und Garantien, wonach
verschiedene Rechte anerkannt und geschützt wurden (Leben, Ehre,
körperliche und geistige Freiheit, Sicherheit, Eigentum, Gleichheit,
Unverletzlichkeit der Wohnung, Ein- und Auswanderung, Petitionsrecht,
Verbot kommissarischer Richter, Abschaffung des Angeklagteneides,
Verbot des Versäumnisurteils im Strafprozeß, Garantien für Haft- und
Strafprozeß, usw.). Die Verfassung von 1830 war nüchtern und kurz. Sie
war geprägt vom Naturrecht, von der Schule der amerikanischen und
der französischen Revolution, mit leichten Anlehnungen an das spanische Recht und an das Recht der Kolonialzeit. In ihrer ungekünstelten
Sprache übertraf sie die vorhergehenden Fassungen[17]. Obwohl tradi

---

präsentanten angehörten, hatte gem. Art. 56 auf die Einhaltung der Verfassung und der Gesetze zu achten und die Regierung zu überwachen, „haciendo
al Poder Ejecutivo las advertencias convenientes".

[14] Sog. „llamado a sala" (Art. 53).
[15] Sog. „juicio político" (Art. 26 Ziff. 2).
[16] Vgl. *De la Bandera*, S. 13.
[17] *J. Jiménez de Aréchaga*, 1952, Bd. 1, S. 10.

tionell an die Verfassung der Vereinigten Staaten angelehnt, war das Präsidialsystem der uruguayischen Verfassung von 1830, verglichen mit dem System der USA, insoweit abgeschwächt, als die Trennung der Gewalten nicht so streng durchgeführt war — es bestanden mehr Möglichkeiten zur Zusammenarbeit zwischen den Gewalten — und die Macht des Präsidenten durch das Erfordernis der Gegenzeichnung der verantwortlichen Minister begrenzt war. Folgende Merkmale machten im einzelnen die Abschwächung des Präsidialsystem aus:

a) Die Wahl des Präsidenten erfolgte nicht direkt durch das Volk, auch nicht indirekt durch besonders für die Wahl des Präsidenten delegierte Wähler, sondern durch die „Asamblea General" (Art. 73), eine Formel, die allgemein geeignet war, die Stellung des Staatschefs gegenüber dem Parlament zu schwächen, so wie es in Frankreich während der Gesetze von 1875 geschah[18]. In Uruguay bewirkte diese Formel auf Grund der unterschiedlichen politischen Verhältnisse das Gegenteil, was sogleich zu belegen sein wird. Der Präsident wurde zum großen Dirigenten des Parlaments. Dies entsprach aber in keiner Weise dem Verfassungswortlaut. Andererseits sah man hierin aber keinen Fehler jenes Verfassungssystems, sondern allein ein Versagen der den Staat tragenden Gesellschaft[19].

b) Die Verfassung von 1830 enthielt, im Gegensatz zur nordamerikanischen Verfassung, einen Abschnitt über die Minister (Art. 85—90).

c) Die ministerielle Gegenzeichnung der Regierungsakte des Präsidenten war unerläßlich. Der Präsident konnte ohne die Unterschrift des zuständigen Ministers keine Anweisungen geben. Ohne dieses Erfordernis war niemand „zum Gehorsam verpflichtet" (Art. 83, am Schluß), brauchte niemand diesen Anweisungen zu folgen. So leicht der Präsident den Minister, der sich der Gegenzeichnung widersetzte, absetzen konnte, sosehr verlangte ein solcher Schritt, dem in der Öffentlichkeit große Bedeutung beigemessen wurde, reifliche Überlegung[20]. Dieser Umstand bedeutete also für den Präsidenten eine, wenn auch nur relative, Beschränkung seiner Macht.

d) Die Minister waren für Dekrete und Anweisungen, die sie unterzeichneten, voll verantwortlich (Art. 86). Von dieser politisch-strafrecht-

---

[18] *Real*, Neoparlamentarismo, S. 47.

[19] *Massera*, La Constitución de 1830, in „Revista de Derecho, Jurisprudencia y Administración", Bd. 40, Montevideo, 1942, S. 331; *Carbajal Victorica*, in Vorwort zu *Araya*, S. 11.

[20] *Vazquez*, in der Verfassunggebenden Versammlung vom 31. Juli 1829, in „Discusión de la Constitución de la República Oriental del Uruguay", Montevideo, 1870, S. 194 f.

lichen Verantwortung waren sie auch nicht etwa auf Grund einer schriflichen oder mündlichen Anweisung des Präsidenten befreit[21].

e) Die Verfassung von 1830 erkannte den Ministern insoweit Regierungsrang zu, als diese sich bei Landesverrat, Erpressung im Amt, Unterschlagung öffentlicher Gelder oder anderer Delikte, die mit empfindlichen Strafen (einschließlich Todesstrafe) bedacht waren, in einem politischen Strafverfahren vor dem Parlament zu verantworten hatten[22].

f) Um zu vermeiden, daß sie sich dieser Verantwortung durch Flucht entzogen, waren die Minister verpflichtet, im Anschluß an ihre Amtszeit noch sechs Monate ihren Wohnsitz im Lande zu behalten (Art. 89).

g) Die Eigenschaft der Minister als politische Vertrauensleute des Präsidenten und nicht als bloße Angestellte zeigt sich darin, daß der Präsident nach der Verfassung die Minister nach seinem Gutdünken ernennen und entlassen konnte. Insoweit fanden die Garantien der Laufbahnbeamten, die nicht abgesetzt werden konnten, keine Anwendung (Art. 81).

h) Jeder Minister mußte den beiden Kammern zu Beginn einer jeden Sitzungsperiode über seinen Geschäftsbereich Rechenschaft ablegen (Art. 88).

i) Jede der beiden Kammern hatte das Recht, die Minister vorzuladen, um so gewünschte Informationen zu erhalten (Art. 53).

j) Gesetzesvorlagen der Regierung wurden von den Ministern eingebracht (Art. 59). Die Regierung hatte ferner das Recht, anderweitige Gesetzesvorlagen zu beanstanden. Dieses Veto konnte nur mit einer $^2/_3$ Mehrheit des Gesamtparlaments überstimmt werden (Art. 64, 70).

k) Die Minister konnten auf eigenen Wunsch zu jeder Zeit an den Beratungen des Parlaments teilnehmen.

„Das Initiativrecht der Regierung, der Anteil, den sie durch ihre Minister an den Beratungen nehmen kann, das Recht, dort ihre Bedenken geltend zu machen, all das sind zweifellos Vorrechte, die sich aus einem hohen Mandat ableiten lassen[23]." Es würde also nicht richtig sein, die Verfassung von 1830 als ein System mit einem allmächtigen Präsidenten zu bezeichnen, in dem die Minister bloße Angestellte, Sekre-

---

[21] So Artikel 90, der Artikel 135 der brasilianischen Verfassung von 1824 übernahm.

[22] Präsident und Minister konnten nur wegen eines Vergehens strafrechtlicher Art zur Verantwortung gezogen werden; dieses Verfahren enthält Elemente des anglo-amerikanischen „Impeachment" und des kolonialen „Juicio de Residencia".

[23] Auszug aus der Rede des Berichterstatters *José Ellauri*, zit. b. *Martins-Gros Espiell*, S. 27.

täre oder Funktionäre des Präsidenten gewesen wären[24], ohne politischen Auftrag und bar jeder Macht[25]. Die Minister der Verfassung von 1830 entsprachen weder den dem Präsidenten untergeordneten nordamerikanischen Staatssekretären noch besaßen sie die gewichtige Stellung der Minister in rein parlamentarischen Systemen. Die Minister der Verfassung von 1830 nahmen vielmehr eine Mittelstellung zwischen diesen beiden Extremen ein[26].

Ebensowenig würde der Verfassungswirklichkeit entsprechen, anzunehmen, die Verfassung von 1830 hätte einem parlamentarischen System Tür und Tor geöffnet, etwa aus der Entwicklung der politischen Gewohnheiten heraus oder über die Mißtrauensvoten der einzelnen Kammern. In der politischen Wirklichkeit erlangten die parlamentarischen Anfragen schon auf Grund ihres inquisitorischen Charakters beachtliche Bedeutung und steigerten sich oft zu wahren Mißtrauensvoten[27], die dann den Rücktritt des betreffenden Ministers bewirken konnten. Die parlamentarische Wirklichkeit widersprach also klar dem Verfassungswortlaut[28]. Dies konnte auf Geist und System der Verfassung von 1830 nicht ohne Auswirkung bleiben. Während der Geltungsdauer der Verfassung von 1830 machte sich dann auch eine wachsende Parlamentarisierung bemerkbar, hervorgerufen durch die politischen Umstände und auch auf Grund des Einflusses, den das europäische Schrifttum in Uruguay genoß. All dies spielte sich am Rande oder sogar gegen den ausdrücklichen Willen der Verfassung ab[29].

Die Praxis der Mißtrauensvoten wirkte zerstörend auf das damalige Verfassungssystem, zumal auch der Präsident keine rechtliche Möglichkeit hatte, entsprechend, etwa mit einer Auflösung des Parlaments, zu reagieren.

Der Mißbrauch der parlamentarischen Anfragen und Tadelsanträge schuf so schließlich eine günstige Atmosphäre für anderweitige Reaktionen der Regierung, die ihr stärkstes Ausmaß bei der unmittelbaren Wahlbeeinflussung erreichten mit dem Ziel, gefügige und der Regierung hörige Parlamente zu schaffen.

---

[24] *Juán Andrés Ramírez*, S. 55 f.; *Carbajal Victorica*, Vorwort zu Araya, S. 12.

[25] *J. Jiménez de Aréchaga*, Legislativo, Bd. 2, S. 122, sein Sohn *J. E. Jiménez de Aréchaga*, Ejecutivo, Bd. 2, S. 205 ff. und sein Enkel *J. Jiménez de Aréchaga*, La Constitución, Bd. 6, S. 1 bestritten jedoch die Eigenschaft der Minister als Regierungsmitglieder.

[26] *Demicheli*, Ejecutivo, S. 60.

[27] *Real*, Neoparlamentarismo, S. 50.

[28] So auch *J. Jiménez de Aréchaga*, Legislativo, Bd. 2, S. 125 f.

[29] Vgl. *J. Jiménez de Aréchaga*, La Constitución, Bd. 6, S. 6.

Für viele[30] war die Verfassung von 1830 somit ein Dokument, das der historischen und politischen Wirklichkeit des Landes nicht entsprach und außerdem voll von Unvollständigkeiten war. Andererseits war sie, juristisch gesehen, ein ausgezeichnetes Werk. Einige Fehler, die ihre Unvollständigkeit kennzeichneten, waren nur natürliche Folgen der politischen Doktrin und Philosophie, die sie inspiriert hatten[31]. Wenn die Verfassung von 1830 der Wirklichkeit nicht gerecht wurde, so darf man bei einer Bewertung dieser Verfassung nicht übersehen, daß sie praktisch das gesamte lateinamerikanische Verfassungswesen berücksichtigte und sich nicht nur auf eine politische Ideologie der Stunde stützte, sondern insbesondere von der konservativen und formalistischen Mentalität ihrer Schöpfer getragen war[32]. Der vermeintliche Mißklang mit der Wirklichkeit, geboren aus dem Pathos der Verfassungsväter, war somit nicht Folge eines Versäumnisses oder Irrtums, sondern die Folge des Willens, ein normatives System einzuführen, das das juristische Schema einer politischen Ideologie wiedergab. Dies bewirkte einen häufigen Konflikt zwischen — um einen Ausdruck von *Heller* zu gebrauchen — „Normalität" und „Normativität"[33], weil man in gewisser Weise und mit bestimmten in der Verfassung geregelten Materien kein vollgültiges Recht schuf, sondern lediglich einen Plan für das Recht der Zukunft[34]. Diese „Offerte"[35] des Verfassunggebers an die Normadressaten schuf nur insoweit geltendes Recht, als die Normen sich von ihrer papiernen Existenz im Verfassungstext in die politische Wirklichkeit umsetzen sollten. Somit fehlte es an der erforderlichen Spannung zwischen dem in der Verfassung enthaltenen Sollen und dem Sein in der Wirklichkeit, ohne die eine Verfassung zwar formal perfekt sein kann, ohne die aber auch entscheidende Voraussetzungen für die Lebensfähigkeit eines Verfassungssystems fehlen[36]. Mit dieser Kennzeichnung wird man der ersten uruguayischen Verfassung vielleicht am ehesten gerecht. Sie konnte nicht die Gesamtheit eines politischen Lebens regeln, das sich auf eine Wirklichkeit gründete, die sich dem in der Verfassung vorgesehenen normativen Schema nicht anpaßte.

Die konkrete Kritik[37] an der Verfassung von 1830 stützte sich u. a. auf zwei Beispiele: einmal auf den Umstand, daß es den Militärs verboten

---

[30] Zusammenfassung bei *Pivel Devoto*, História, S. 31; vgl. auch *Carlos Maria Ramírez*, S. 62.

[31] *Gros Espiell*, Las Constituciones, S. 46.

[32] *Gros Espiell*, Esquema, S. 57.

[33] *Heller*, S. 252 ff.

[34] Vgl. auch *J. Jiménez de Aréchaga*, 1952, Bd. 1, S. 17.

[35] *Heller*, S. 258.

[36] Vgl. dazu *Heller*, S. 253, der in der planmäßig bewußten Beeinflussung der politischen Verfassung durch eine herrschaftliche Normsetzung das Wesen des modernen Staates sieht.

[37] Insbesondere vorgebracht von *Pivel Devoto*, História, S. 31; *Rodó*, S. 205 ff.

war, zum Parlament zu kandidieren (Art. 25)[38]; zum anderen auf den fehlerhaften Aufbau der Regierung; man hatte kein genügend starkes Machtzentrum geschaffen, das dem Chaos hätte ein Ende bereiten können und das, andererseits, das Problem der „coparticipación"[39] der tragenden politischen Gruppen in Angriff genommen hätte. Die Faktoren, die den reibungslosen Lauf dieses ersten uruguayischen Verfassungssystems erschwerten, sind vielfältig. Montevideo[40], damals einziges Ideen- und Kulturzentrum gegenüber einem entvölkerten und durch Kriege verarmten Landesinnern, konnte das Wunder nicht vollbringen, das politische Niveau des Landes schnell zu heben. Die politisch allgemein ungebildete Landbevölkerung entwickelte zwar einige Impulse, aber es fehlte ihr die notwendigen politischen Voraussetzungen, ohne die ein geordnetes Zusammenleben nicht möglich war. Die Landbevölkerung war eher geneigt, den oft halb-barbarischen „Caudillos" Sympathie entgegenzubringen, als sich ideologisch zusammenzuschließen und so politisch organisierte Zellen zu bilden[41]. So spornte man den Machthunger der Männer an, die in dem Amt des Staatspräsidenten ein Mittel sahen, persönlichen Herrschaftswillen zu verwirklichen.

Das Militär stand in diesen ersten Stunden Uruguays nicht immer im Dienst des Staates als Träger der öffentlichen Sicherheit und Ordnung und zum Schutze der Landesgrenzen. Das Militär jener Zeit war vielmehr ein politisches Instrument der Regierung. Auch die Polizei hatte nicht nur die innere Ordnung des Landes aufrechtzuerhalten, sondern sie war zugleich eine Waffe zur Verfolgung des politischen Gegners, oft ein Instrument von Wahlmanipulationen und nicht selten „letzte Instanz" bei den Wahlentscheidungen.

III. Die spätere institutionelle Entwicklung im 19. Jahrhundert

Allmählich nahm die Bevölkerung zu und zugleich damit stieg auch das politische Niveau des Landes. Die Erforschung des Landes schritt voran und mit dem kulturellen und wirtschaftlichen Umbildungspro-

---

[38] Hierin sah man auch die entscheidende Ursache für die Bürgerkriege, die bald das Land bewegten; vgl. *Gros Espiell*, Esquema, S. 58.

[39] Das Wort „coparticipación" ist einer der wichtigsten Ausdrücke der politischen Geschichte Uruguays. Auch wenn der Streit um seine Bedeutung bis in die Gegenwart anhält, meint es doch zumindest das Recht der sog. „traditionellen" Parteien, gemeinsam die Regierung zu bilden. Es ist nicht gleichbedeutend mit „colaboración", denn es kann „coparticipación" geben ohne „colaboración". Vgl. dazu auch *Martínez*, S. 80 ff.

[40] Die uruguayische Hauptstadt zählte um 1820 etwa 10 000 Einwohner, während auf das gesamte Land — nach einer Zählung von 1825 — 750 000 Einwohner entfielen; vgl. *Iribarne*, in Vorwort zu *Gros Espiell*, Las Constituciones, S. V, VI.

[41] Vgl. *J. Jiménez de Aréchaga*, 1952, Bd. 1, S. 18.

zeß weitete sich auch der Staats- und Behördenapparat aus und mit ihm
die Bürokratie. Diese Bürokratie stand dem obersten Staatsorgan, dem
Präsidenten, allerdings hilflos gegenüber. Man kannte weder ein Be-
amtengesetz noch eine Disziplinarordnung. Die Beamten, deren Zahl
ständig wuchs, waren ganz der Willkür der Regierung ausgeliefert und
es bedurfte einigen Mutes, die politischen Verpflichtungen zu umgehen,
um nicht lediglich als Handlanger der regierenden Partei fungieren zu
wollen. Den Gegnern der Regierung blieb die Verwaltungslaufbahn
verschlossen. So bildeten die öffentlichen Ämter, mit wenigen Ausnah-
men, lediglich Pfründen für Anhänger der Regierung. Dies war die
allgemeine Tendenz jener Zeit in Uruguay[42].

Das Wahlsystem, das keinerlei Garantien für den Wähler enthielt und
das die Regierungsgewalt ausschließlich der jeweils siegreichen Partei
zusprach, wurde erst im Laufe der Zeit verbessert. Einige Umwälzungen
endeten mit politischen Absprachen, die die Regierung verpflichteten,
den politischen Gegner an der Regierungsgewalt teilhaben zu lassen.
Viele dieser Übereinkünfte bewegten sich am Bande der Verfassung
oder standen in klarem Widerspruch zu ihr. In Wahrheit schufen aber
gerade diese Absprachen Voraussetzungen für ein friedlicheres und ge-
ordneteres Zusammenleben[43].

1. Präsident und „Caudillo"

Als die Verfassung von 1830 in Kraft trat, glaubte man mit ihr alle
Probleme des Landes lösen zu können. Die Wirklichkeit zeigte jedoch
bald, daß die sozialen und politischen Verhältnisse das Verfassungsleben
des Landes entscheidend belasteten. Ein gerade erst konstituiertes
Staatsgebilde, mit einer denkbar niedrigen Bevölkerungszahl[44] und
einer von politischen Unruhen gezeichneten Geschichte, voll von bewaffneten Auseinandersetzungen, konnte nicht allein auf Grund der
Existenz einer Verfassung ein reibungsloses Funktionieren des Staatsapparates erwarten. So gab es im Verlaufe des 19. Jahrhunderts in Uruguay zahlreiche „de-facto"-Regierungen[45], die die verfassungsmäßige

---

[42] Vgl. *J. Jiménez de Aréchaga*, 1952, Bd. 1, S. 19.

[43] Vgl. *J. Jiménez de Aréchaga*, a. a. O., S. 20; *Gros Espiell*, Las Constituciones, S. 52.

[44] Auf 187 000 km² lebten um 1825 750 000 Menschen, 1883 520 000, 1908 eine
Million, 1950 2 Millionen 540 000 und 1963 2 Millionen 700 000. Die niedrige
Einwohnerzahl von 1883 war eine Folge der „Guerra Grande" (1839—51) und
weiterer späterer bürgerkriegsähnlicher Auseinandersetzungen sowie der damit verbundenen Auswanderung nach Argentinien und Brasilien.

[45] Insbesondere während des „Guerra Grande", des großen uruguayischen
Bürgerkrieges von 1839 bis 1851; ab 1842 gab es sogar zwei Regierungen: eine
in Montevideo, zunächst unter Führung *Riveras*, dessen Diktatur mit der

Ordnung immer wieder unterbrachen. Die Verfassung von 1830 war daher für viele Jahre, in denen das Land seine harte politische Lehrzeit durchmachte, nur ein Oberbau, unter dem Caudillismus und Gewalt das Land regierten. Von einem Parlamentarismus konnte seit der Auflösung des Parlaments (1838—1854) nicht die Rede sein.

Es reicht, aufzuzeichnen, was mit dem Amt des Präsidenten geschah, um zu verstehen, wieweit die Disharmonie zwischen dem Verfassungswortlaut und der Wirklichkeit reichte. Zunächst hatte man befürchtet, die Regierung mit zu wenig Macht ausgestattet zu haben[46]. Genau das Gegenteil war schließlich der Fall. Der Präsident wurde, entgegen dem Verfassungswortlaut, Mittelpunkt des gesamten politischen Lebens. Alle anderen Staatsorgane hingen von ihm ab und waren ihm untergeordnet. Auch wenn dieses Phänomen des Präsidentialismus in den lateinamerikanischen Ländern allgemein anzutreffen war, so stellt es doch gerade in Uruguay eines der charakteristischen Elemente fast seiner gesamten Verfassungsentwicklung dar[47].

Zur selben Zeit, als das Land seine schlimmsten Diktaturen durchmachte, begann sich der Einfluß einer Generation bemerkbar zu machen, die entschlossen schien, dem Land ein wirkliches demokratisches Gepräge zu geben. Das Programm dieser Generation, wenn auch noch nicht ausdrücklich formuliert, wies eine klare Tendenz zugunsten einer Einschränkung der Macht des Präsidenten auf. Man war gewillt, den Caudillismus abzuschaffen, den die Verfassung sowieso nicht kannte, der aber auf Grund der politischen und sozialen Umstände herangereift war.

2. Entstehung der politischen Parteien

Für die Verfassung von 1830 war der einzelne Bürger die Hauptfigur im politischen Leben, die politischen Parteien ignorierte sie, sie waren unerwünscht. In Übereinstimmung mit dem öffentlichen Recht Frankreichs und Nordamerikas sollte zwischen dem Staat und dem einzelnen Bürger keine andere Gruppe existieren. In dem Manifest der Verfassunggebenden Versammlung vom 30. Juni 1830[48] wurde jeder Parteigeist ausdrücklich verdammt.

Wahl durch die Asamblea General am 1. März 1839 in eine verfassungsmäßige Präsidentschaft umgewandelt worden war; später unter Führung eines Ministerrates und schließlich unter *Joaquín Suárez*, dem Präsidenten des Senats; die zweite Regierung, mit Sitz in Cerrito, führte *Oribe*; 1853 übte ein Triumvirat die Macht aus, während das Parlament aufgelöst blieb (seit 1838); vgl. dazu *Pivel Devoto*, Historia, S. 132 ff.

[46] *Ellauri* in seiner Rede vom 17. März 1829 in „Actas de la Asamblea General Constituyente y Legislativa del Estado", Montevideo, 1870, S. 4.

[47] Vgl. *Gros Espiell*, Las Constituciones, S. 51.

[48] «Manifiesto de la Asamblea General Constituyente y Legislativa de la

Die politischen Parteien Uruguays begannen sich nach allgemeiner Auffassung ab 1836 allmählich zu bilden. Während der Erhebung *Riveras* gegen die Regierung *Oribe*[49] standen sich in der Schlacht von Carpintería zwei Parteien gegenüber, die man später als „traditionell" bezeichnen sollte, ohne daß damit gesagt werden könnte, daß in diesem Augenblick die beiden Traditionsparteien, die „Blancos" und die „Colorados"[50] entstanden.

Die politische Teilung des Landes in „Blancos" und „Colorados" begann sich aber bereits damals abzuzeichnen und in den folgenden Jahren verdichteten und festigten sich diese beiden Gruppen zu zwei großen Parteien. Die Struktur der Parteien festigte sich aber erst nach vielen Jahren, praktisch erst vom Jahre 1870 an, nachdem sie bereits vorher mit politischen Gruppen der Nachbarstaaten eng verbunden waren[51].

Nach der erfolgreichen Revolution Riveras im Jahre 1838 und nach Beginn des „Großen Krieges" hatte sich die Blanco-Partei den föderalistischen argentinischen Bewegungen angeschlossen, während die Colorado-Partei intensive Verfechterin eines uruguayischen Einheitsstaates war, obwohl damals noch einige Teile dieser Partei mit politischen Gruppen in Rio Grande do Sul[52] sympathisierten. Man konnte damals also noch nicht von klar abgegrenzten politischen Parteien sprechen, sondern nur von politischen Gruppen, die sich zusammengefunden hatten, um an den Problemen zu arbeiten, die damals das Gebiet am Rio de la Plata beschäftigten. Mit dem Ende des „Großen Krieges" im Jahre 1851 machte sich eine idealistische und liberale Tendenz bemerkbar, die die politischen Parteien beseitigen wollte, da sie in der Teilung des Landes in „Blancos" und „Colorados" ein Element der Unruhe, des Chaos, des Hasses und der Gewalt sah[53]. Diese Bewegung wollte alle politischen Richtungen des Landes zu einer Einheit unter der Fahne Uruguays zusammenfassen, eine Bestrebung, die die Wirklichkeit des Landes ignorierte und so von Anfang an zum Scheitern verurteilt war.

Bereits in der Folgezeit wurde immer mehr die Vormachtstellung der beiden Traditionsparteien vor den übrigen politischen Gruppen deutlich. Indes ist es höchst schwierig, wenn nicht unmöglich, das ideologische Rückgrat der beiden Traditionsparteien zu bestimmen.

República Oriental del Uruguay a los Pueblos que representa», bei *Martíns-Gros Espiell*, S. 21 ff.

[49] Siehe oben FN 45.

[50] Die „Blancos" trugen weiße, die „Colorados" rote Halstücher.

[51] *Gros Espiell*, Esquema, S. 64.

[52] Südlichster Staat des heutigen Brasilien; Uruguay war bis 1828 die sog. „Provincia Cisplatina" des Brasilianischen Reiches; vgl. *Eduardo Acevedo*, S. 922 und *Pivel Devoto*, Cisplatino, S. 3 ff.

[53] *Gros Espiell*, Esquema, S. 65; *Bruschera*, S. 13 f.

Die „Colorados", geschart um ihren Führer Rivera, zeichneten sich ursprünglich durch ihr Freiheitsideal aus, das besonders in der Person Riveras seinen leidenschaftlichen Ausdruck fand. Die „Blancos" vertraten stärker das Autoritätsprinzip, das für sie mit der Nation identisch war. Sie bekannten sich zu einem von der verfassungsmäßigen Ordnung getragenen Nationalismus mit dem Ziel, die Geschicke des Landes in Frieden zu lenken. Die revolutionären „Colorados", damals voller innerparteilicher Zwistigkeiten, rechneten auf die Unterstützung der Auswanderer in Buenos Aires. Einige von ihnen strebten die Integration mit Argentinien an und verfolgten mit besonderem Interesse die Probleme, die die Nachbarstaaten Argentinien und Brasilien zur gleichen Zeit bewegten[54].

Führertum und Prinzipien standen, mehr oder weniger ausgeprägt, in beiden Parteien nebeneinander. Beide Parteien hatten ihre Anhänger sowohl auf dem Lande als auch in der Stadt, wenn auch die „Blancos" auf dem Lande eine gewisse Vormachtstellung innehatten, während die „Colorados" ihre meisten Anhänger in Montevideo hatten. Die beiden Parteien unterschieden sich vielleicht auch dadurch, daß bei den „Colorados" manchmal ein stärkerer Liberalismus festzustellen war, während bei der anderen Partei mehr die konservativ-traditionelle Linie vorherrschte[55]. Dies kann aber kaum als schlechthin charakteristisch für die beiden Parteien hingestellt werden, denn bereits seit der Mitte des 19. Jahrhunderts konnte man in beiden Parteien verschiedenartige Tendenzen beobachten, die je nach den Umständen dominierten oder an Einfluß verloren. In beiden Parteien finden sich bis heute Vertreter aller sozialen Gruppen, obwohl sich die „Colorados" vielleicht mehr für die Belange der Stadtbevölkerung eingesetzt haben, während die „Blancos" vielleicht mehr die Interessen der Landbesitzer vertraten. Dennoch könnte diese Klassifizierung der Wirklichkeit nicht gerecht werden, da in den zahlreichen Gruppen und Untergruppen der beiden Parteien derart verschiedene Bestrebungen anzutreffen sind, daß sie es nicht erlauben, zu sagen, die eine oder andere der beiden Parteien vertrete vornehmlich die Belange dieser oder jener sozialen Gruppe[56].

Die „ideologischen" Parteien entstanden in Uruguay erst zu Beginn des 20. Jahrhunderts. In der Zeit von 1904 bis 1912 bildete sich eine „Sozialistische Partei", in der sich vor der russischen Revolution alle marxistischen Gruppen zusammenfanden. Diese Partei nahm 1911 zum ersten Mal an den Wahlen teil, und zwar über eine gemeinsame Liste mit den Kandidaten der „Liberalen Partei", die aber noch im gleichen Jahr von der Blanco-Partei aufgesogen wurde.

---

[54] Vgl. I. E. P. A. L., Uruguay, S. 60 f.
[55] *Gros Espiell*, Esquema, S. 67.
[56] *Gros Espiell*, Los Partidos, S. 15 f.

Die Sozialistische Partei spaltete sich nach der russischen Revolution von 1917 in eine Sozialistische und in eine „kommunistische Partei".

Ebenfalls zu Beginn dieses Jahrhunderts entstand die „Unión Cívica", eine Partei, die als Sammelbecken der katholischen Wähler dienen wollte.

3. Beginn der Dezentralisierung

Nach dem in der Verfassung von 1830 geregelten Regierungssystem war der Präsident der Republik das höchste Organ der gesamten Verwaltung des Landes[57]. Die öffentliche Verwaltung Uruguays war so fast bis zum Ende des 19. Jahrhunderts beim Präsidenten und seinen Ministern zentralisiert.

Doch gegen Ende des Jahrhunderts begann sich eine Bewegung abzuzeichnen, die auf die Dezentralisierung einiger Verwaltungszweige hinsteuerte. Dieses Bestreben fand die Unterstützung beider Traditionsparteien.

So bildete sich langsam eine Anzahl von Unternehmen heran, die in der uruguayischen Verfassungs- und Verwaltungssprache später als „Entes Autónomos" bezeichnet wurden. Diese „Entes Autónomos" waren zwar in der Verfassung von 1830 nicht vorgesehen, sie waren aber bereits in jener Zeit eine der wichtigsten Erscheinungen des politischen und administrativen Lebens in Uruguay[58]. Zunächst in der Gesetzgebung entstanden und später von der Verfassung von 1918 übernommen, sollten die „Entes Autónomos" die wirtschaftliche und soziale Entwicklung Uruguays auf entscheidende Weise beeinflussen[59].

§ 3: Das Verfassungssystem von 1918

Die Verfassung von 1830 war fast 90 Jahre in Geltung. Am Ende dieses langen Zeitraums, in dem die verfassungsmäßige Ordnung nicht selten unterbrochen war, wurde immer stärker der Wille spürbar, den verfas-

---

[57] «El Presidente es jefe superior de la Administración general de la República» (Art. 79, Satz 1).
[58] *Gros Espiell*, Las Constituciones, S. 56.
[59] Als erstes „Ente Autónomo" wurde die uruguayische Staatsbank „Banco de la República Oriental del Uruguay" geschaffen (Gesetze vom 4. August 1896 und vom 17. Juli 1911). Später entstanden, unter anderen, die „Banco Hipotecario" (Gesetze vom 24. März 1892, vom 8. Juni 1912 und vom 22. Oktober 1915), die „Banco de Seguros del Estado" (Gesetz vom 27. Dezember 1911), die staatliche Telefongesellschaft „U. T. E." (Gesetz vom 21. Oktober 1912) und die Nationale Hafenverwaltung (Gesetz vom 21. Juni 1916). Die übrigen „Entes Autónomos" entstanden erst nach Inkrafttreten der Verfassung von 1918.

sungswidrigen Auswüchsen in der politischen Wirklichkeit Uruguays, insbesondere dem am Rande der Verfassung herangereiften Caudillismus[60] ein Ende zu bereiten.

Viele Probleme sollten in Angriff genommen werden: eine Perfektionierung des Wahlsystems; mehr Garantien für die Wähler; Teilnahme der Minderheit an der Regierungsverantwortung; Dezentralisierung der öffentlichen Verwaltung; Schaffung rechtlicher und praktischer Voraussetzungen für die Unabhängigkeit der Beamten; die Entwicklung der Departements unter allmählicher Loslösung von der staatlichen Zentralverwaltung.

Dieses Programm konnte man nicht ohne eine Änderung der Verfassung verwirklichen. Die Versuche in diese Richtung ziehen sich über eine lange Zeitspanne hin.

I. José Batlle y Ordóñez und sein Entwurf

Eine Persönlichkeit belebte die Reformbestrebungen jener Zeit in besonderem Maße: José *Batlle y Ordóñez*[61].

Während einer längeren Reise durch die Schweiz war Batlle y Ordóñez vom Verfassungssystem dieses Landes, insbesondere von dem dort praktizierten pluripersonellen Regierungssystem[62] stark inspiriert worden. Es hatte ihn beeindruckt, dort viele Menschen getroffen zu haben, die ihren eigenen Präsidenten noch nicht einmal dem Namen nach kannten[63]; beeindruckt deshalb, weil der Präsident des uruguayischen Verfassungssystems jener Zeit Mittelpunkt jeglichen politischen Geschehens war. In dem schweizerischen System sah Batlle y Ordóñez eine Garantie gegen Despotismus und Willkür.

In den Dokumenten, in denen die Ideen Batlle y Ordóñez' zuerst ihren Niederschlag fanden[64], spürte man aber nicht die Absicht, den entscheidenden Einfluß, den die Exekutive innerhalb des uruguayischen Ver-

---

[60] Vgl. oben § 2 III 1.

[61] Langjähriger Führer der „Colorados"; lebte von 1856 bis 1929; von 1902 bis 1907 und von 1911 bis 1915 Staatspräsident; von 1921 bis 1923 und von 1926 bis 1927 Präsident des Nationalen Staatsrates (Consejo Nacional de Administración); er schuf die Voraussetzungen, die Uruguay zu einem der perfektesten Wohlfahrtsstaaten werden ließen.

[62] Die uruguayische Verfassungslehre gebraucht nicht die Begriffe „Direktorial-" oder „pluripersonell", hier ist der Begriff „Kollegial-System" allgemein gebräuchlich.

[63] So *Batlle y Ordóñez* im Juli 1910, im Anschluß an seine Europareise, zit. bei *Gros Espiell*, Esquema, S. 81, FN 4.

[64] Diese „Apuntes" wurden zuerst am 4. März 1913 in der Montevideaner Colorado-Zeitung „El Día" veröffentlicht.

fassungssystems erlangt hatte, einzuschränken. Im Gegenteil, bei objektiver Prüfung jener „Apuntes" wie auch seines späteren Entwurfes[65] wird man zugeben müssen, daß Batlle y Ordóñez letztlich Anhänger eines Verfassungssystems mit einer starken Exekutive war, die die Regierungsgewalt auch tatsächlich innehatte und ausübte. Nach dem Entwurf sollte der Präsident der Republik von einer neunköpfigen Junta abgelöst werden, die mit einfacher Mehrheit direkt vom Volk auf neun Jahre gewählt werden sollte, wobei jährlich ein Mitglied neu zu wählen war. Der Vorsitz in der Junta sollte jährlich wechseln. Hinter dieser Ablösung des Präsidenten durch eine Junta stand die Idee Batlle y Ordóñez', jegliche persönliche Machtkonzentration und sich daraus ergebende Willkürakte der Regierung zu verhindern[66]. Daß Batlle y Ordóñez dennoch eine starke Exekutive wollte, zeigt die Vorschrift seines Entwurfes, nach der Gesetzesvorlagen der Regierung, die nicht innerhalb einer gewissen Zeit vom Parlament beraten und zurückgewiesen wurden, automatisch in Kraft treten sollten. Die starke Stellung der Regierung wurde aber auch in der Bestimmung deutlich, nach der die Regierung im Falle eines äußeren Angriffs oder innerer Unruhen von sich aus Maßnahmen ergreifen konnte, die wenigstens sechs Monate in Kraft bleiben sollten. Wenn das Parlament diesen Maßnahmen widersprechen sollte, so hatte dies zunächst keinen Einfluß auf die ergriffenen Maßnahmen. Es blieb jedoch die Möglichkeit eines Volksentscheides, der dann als letzte Instanz darüber zu befinden hatte, ob jene Notstandsmaßnahmen aufrechterhalten wurden oder nicht. Schließlich enthielt der Entwurf Batlle y Ordóñez' nichts, was darauf hindeuten könnte, er habe eine Parlamentarisierung des uruguayischen Regierungssystems angestrebt, wie etwa das Recht des Parlaments, einen Minister oder die Mitglieder der Junta abzusetzen, oder das Recht der Regierung, das Parlament aufzulösen[67]. Batlle y Ordóñez wollte also eine starke Exekutive, die aber kraft ihrer kollegialen Zusammensetzung jeder Willkür unfähig sein sollte.

Daß politische Institutionen, insbesondere eine mächtige Partei[68], der der jeweilige Regierende oder die Mitglieder eines Regierungskollegiums angehören, sich über die von einer Verfassung gesetzten Institutionen hinwegsetzen können, war wohl auch Batlle y Ordóñez bewußt.

---

[65] Vgl. hierzu insbesondere *Giudice—Conzi*, S. 250 ff., und *Juan Andrés Ramírez*, S. 82 ff.

[66] So *Batlle y Ordóñez* in einer Rede vor dem National-Konvent seiner Partei vom 25. Mai 1916, zit. b. *Gros Espiell*, Las Constituciones, S. 60, FN 2.

[67] Vgl. *J. Jiménez de Aréchaga*, 1952, Bd. 1, S. 25.

[68] Ein klassisches Beispiel bildet hier die Sowjetunion, die sich ohne weiters den Anschein eines demokratischen, weitgehend dezentralisierten Regierungssystems geben konnte, in dem sie die Regierungsgewalt einem Kollegium übertragen und dessen Organe mit weitgehenden Vollmachten ausstatten konnte, ohne Gefahr zu laufen, damit die von der KPDSU vorgeschriebene einheitliche Linie zu verlassen; vgl. hierzu auch *Maurach*, S. 102 f.

Die politische Entwicklung in Uruguay während des 19. Jahrhunderts bot dafür genug Anhaltspunkte.

Das Kollegialsystem allein konnte also keine Garantie gegen Caudillismus und Willkür sein[69].

II. Das erste kollegiale Regierungssystem

Der 2. uruguayische Verfassungskonvent (1916—1917) arbeitete auf der Grundlage einer Absprache zwischen den Anhängern Batlle y Ordóñez' und den „Blancos"[70]. Bei den Wahlen zu diesem Verfassungskonvent kam in Uruguay zum ersten Mal das Verhältniswahlsystem zur Anwendung. Die von dieser Versammlung beschlossene neue Verfassung wurde durch den Volksentscheid vom 25. November 1917 gebilligt. Am 3. Januar 1918 öffentlich bekanntgemacht, trat die neue uruguayische Verfassung am 1. März 1919 in Kraft.

Die Verfassung von 1918 schuf einen demokratischen, auf religiösem Gebiet neutralen Einheitsstaat und dezentralisierte die Verwaltung in zwei Richtungen: sie räumte den Gemeinden eigene Vollmachten ein und dekonzentrierte die staatlichen Behörden (servicios nacionales), die bis zu jenem Zeitpunkt dem Staatspräsidenten unmittelbar unterstellt waren oder die auf Grund von am Rande der Verfassung von 1830 erlassenen Gesetzen mit eigenen Vollmachten ausgestattet waren[71].

Der Staat, den die Verfassung von 1918 schuf, war demokratisch, weil man das Volk als Träger jeder Staatsgewalt und seinen Willen als Grundlage für die Legitimation jeder staatlichen Autorität anerkannte. Insoweit wurden dem Staat auch in bezug auf die persönliche Freiheit des Bürgers genaue Grenzen gesetzt. Die Verfassung von 1918 erweiterte den Rahmen der Staatsbürgerschaft und ebnete dem Gesetzgeber den Weg, auch der Frau das Wahlrecht zuzuerkennen.

---

[69] Der kollegialistische Entwurf Batlle y Ordóñez' war nicht die erste Initiative dieser Art. Bereits bei der Ausarbeitung der Verfassung von 1830 lagen ähnliche Entwürfe vor. Ein ähnliches System enthielten auch der Vorschlag von *Aguirre* aus dem Jahre 1903 und der Entwurf der Sozialistischen Partei von 1910, wonach die Regierungsgewalt einem Komitee übertragen werden sollte. Aber alle diese Entwürfe verschwanden in der Versenkung; vgl. dazu insbesondere *Gros Espiell*, El Ejecutivo colegiado en el Uruguay, in „Revista de la Facultad de Derecho y Ciencias Sociales", Nr. 4 Montevideo, 1964, S. 979.

[70] Die Verfassungen Uruguays — und dies ist wohl kaum eine Besonderheit des uruguayischen Systems — entstanden in der Regel auf der Basis solcher politischen Absprachen; vgl. dazu auch *J. Jiménez de Aréchaga*, 1952, Bd. 1, S. 21.

[71] Vgl. oben § 3 vor I.

Politische Parteien tauchten aber auch jetzt noch nicht in der Verfassung auf. Aber in den Wahlgesetzen, die bald nach Inkrafttreten der neuen Verfassung erlassen werden sollten, wurde den politischen Parteien die Mitwirkung an den verschiedenen Wahlakten ausdrücklich garantiert, auch um so eine von der Verfassung bereits garantierte freie Stimmabgabe zu gewährleisten.

Die religiöse Neutralität des Staates wurde mit der verfassungsmäßigen Trennung von Kirche und Staat vollzogen. Die Verfassung garantierte zum ersten Mal ausdrücklich die Religionsfreiheit, ein Institut, das schon zwar nicht ausdrücklich von, aber während der Verfassung von 1830 anerkannt war, dessen Auslegung aber immer wieder zu Auseinandersetzungen geführt hatte. Die Trennung von Kirche und Staat vollzog sich ohne Schwierigkeiten, zumal viele Gläubige in der engen Verbindung von Kirche und Staat eine Gefahr für den Bestand der Kirche sahen. Schließlich schuf die Verfassung von 1918 einen Einheitsstaat[72], der mit einem territorial weitgehend dezentrasilierten Verwaltungssystem ausgestattet war[73].

Was das Verhältnis zwischen Regierung und Parlament betrifft, so hielt die Verfassung von 1918 das abgeschwächte Präsidialsystem von 1830 unverändert bei. Die Kontakte zwischen Exekutive und Legislative wurden zwar vervollkommnet, aber weder die politisch-parlamentarische Verantwortlichkeit der Minister noch die Möglichkeit des Präsidenten, das Parlament aufzulösen, wurde von der neuen Verfassung anerkannt.

Die Verfassung von 1918 wollte der Allmacht des Präsidenten mit anderen Mitteln begegnen.

Die wohl augenfälligste Änderung brachte die Aufteilung der Staats- und Regierungsführung, die bis dahin allein beim Präsidenten stand, an zwei Organe mit verschiedenen Geschäftsbereichen, aber mit gleichem juristischem Gewicht: dem Präsidenten der Republik und dem „Consejo

---

[72] Bei der Interpretation des Systems von 1918 besteht keine Einigkeit: einige glauben in der Verfassung von 1918 bundesstaatliche Elemente zu finden, andere bezeichnen sie als „cuasi federal"; vgl. dazu *J. Jiménez de Aréchaga*, 1952, Bd. 1, S. 23 f.

[73] Die Entwicklung in Richtung auf eine Dezentralisierung der Verwaltung, die sich bereits in der Gesetzgebung mit aller Deutlichkeit abgezeichnet hatte, wurde von der neuen Verfassung in Artikel 100 anerkannt: «Los diversos servicios que constituyen el dominio industrial del Estado, la instrucción superior, secundaria y primaria, la asistencia y la hygiene pública serán administradas por Consejos autónomos...» Diese Regelung konnte nicht ausreichen, um die damit entstehenden Probleme zu lösen. Dies sollte der späteren Verfassungsgebung überlassen bleiben; vgl. *Juan Andrés Ramírez*, S. 97 ff.; *Demicheli*, Los entes, S. 15 ff. und *Martínez*, S. 65 ff.

Nacional de Administración" (Nationaler Verwaltungsrat)[74]. Dem Präsidenten, der für jeweils vier Jahre direkt vom Volk gewählt wurde, unterstanden das Innenministerium, das Außenministerium und das Verteidigungsministerium, während dem Nationalen Verwaltungsrat, der ebenfalls direkt vom Volk gewählt wurde, die übrigen Ministerien unterstanden.

Zugang zu dieser ersten kollegialen Regierung Uruguays hatte auch die Opposition. So setzte sich der Nationale Verwaltungsrat, der für jeweils sechs Jahre gewählt wurde, aus neun Mitgliedern zusammen, wovon der stärksten Partei sechs und der zweitstärksten Partei drei zustanden[75].

Der Nationale Verwaltungsrat wurde alle zwei Jahre in der Weise erneuert, daß drei Mitglieder neugewählt wurden, wovon zwei auf die Mehrheitspartei und eins auf die Minderheitspartei entfielen[76].

Dieser Aufbau war das Ergebnis eines politischen Paktes[77], vermöge dessen sich die demokratischen Praktiken schneller festigen und der Zyklus der Fehden zwischen den beiden Traditionsparteien beendet werden konnten[78].

Von der Allmacht des Präsidenten blieb auf Grund dieser Machtstreuung zwischen der doppelköpfigen Regierung, ihren Ministern, den Entes Autónomos und den Gemeinden nicht mehr viel übrig. Es blieb aber ein Risiko für den Präsidenten, daß er zwar auf das Votum des Volkes gestützt war, im übrigen aber keine wirklich eigene Regierungsgewalt innehatte[79].

Obwohl es auch die ursprüngliche Idee Batlle y Ordóñez' war, ein kollegiales Regierungssystem zu schaffen[80], wobei er von persönlichen Beobachtungen des Schweizer Verfassungssystems geleitet war, unterschied sich das in die Verfassung von 1918 letztlich aufgenommene kollegiale Regierungsorgan „Nationaler Verwaltungsrat" grundlegend vom Schweizer Bundesrat, der Batlle y Ordóñez bei seinem Entwurf vorgeschwebt hatte. Während der „Consejo Nacional de Administración" nur ein Organ in einem im übrigen präsidentiellen System war, in dem

---

[74] Dieses „regimen mixto", das genaugenommen keinem der verschiedenen Entwürfe entsprach, fand bei den Verfassungsrechtlern jener Zeit keine Zustimmung. Man glaubte nicht an eine lange Lebensdauer dieses Systems; vgl. *Duguit* und *Barthelémy*, zit. bei *J. Jiménez de Aréchaga*, 1952, Bd. 1 S. 30.
[75] Artikel 82.
[76] Artikel 85.
[77] Vgl. *Juan Andrés Ramírez*, S. 101; *Martínez*, S. 80.
[78] VGL. *Pablo Blanco Acevedo*, Estudios, S. 67 f.
[79] Vgl. *Real*, Neoparlamentarismo, S. 54.
[80] Vgl. oben § 3 I.

die politische Verantwortlichkeit der Regierung vor dem Parlament
fehlte, fungiert das Schweizer Kollegium in einem System, das man als
„konventionell"[81] bezeichnen kann. Ein weiterer entscheidender Unterschied ist darin zu sehen, daß in der uruguayischen Verfassung von 1918
Minister existierten, die vom „Consejo Nacional de Administración" ernannt wurden, während im Schweizer System jedem einzelnen Bundesrat ein Ressort untersteht[82].

III. Die politische und institutionelle Entwicklung bis 1934

Die Kraft der politischen Umstände, die Tatsache, daß viele in einer
Parlamentarisierung des Systems den Beginn einer für Uruguay politisch fortschrittlichen Entwicklung sahen, wie auch der Einfluß der in
der westlichen Welt allgemein geltenden Ideen, die jenen Tendenzen
günstig waren, formten den eigentlichen Sinn der Verfassung von 1918
allmählich um, und in der Verfassungswirklichkeit verstärkte sich der
Einfluß des Parlaments in zunehmendem Maße. So sah sich mancher
Minister auf parlamentarischen Druck hin gezwungen, aus dem Amt zu
scheiden[83]. Die Verfassung von 1918 hatte mit der Formel für den „Consejo Nacional de Administración" den Weg für eine Ein-Parteien-Regie-
rung geebnet: die Mehrheitspartei sollte regieren und die Minderheitspartei sollte diese Tätigkeit überwachen.

Aber dieses System ging von einer politischen Voraussetzung aus,
nämlich der Existenz zweier in sich einiger und disziplinierter Parteien
(Partido Blanco und Partido Colorado). Diese Voraussetzung war aber
nicht gegeben. Die „Blancos" wie die „Colorados" waren stark gespalten. So kam es oft vor, daß die Stimmen der Minderheit sich mit einem
Teil der Mehrheit fanden und auf Regierungsebene politische Entschei-

---

[81] Diese Bezeichnung wird i. S. von „herkömmlich" verwandt, um die
Schweizer Exekutive zu charakterisieren, die nur eine „delegierte Gewalt"
der Bundesversammlung bildet. In der Schweiz „übt die Bundesversammlung
die oberste Staatsgewalt aus" (Art. 71). Von ihr ernannt, von ihren Richtlinien
geleitet und ihrer Kontrolle unterworfen, übt der Bundesrat als Regierungs-
direktorium die höhere Exekutivgewalt aus (Art. 95). Der Schweizer Bundesrat kann gegen vom Parlament beschlossene Gesetze kein Veto einlegen. So
sehr auch die Schweizer Regierung nach dem Verfassungswortlaut eine vom
Parlament abhängige Regierung ist, in der politischen Wirklichkeit ist man
davon weit entfernt. Der in der politischen Wirklichkeit kaum überwachte
und nicht absetzbare Bundesrat hat eine fast unantastbare Machtstellung
inne und übt entscheidenden Einfluß auf die Gesetzgebung aus. Vgl. *Hauriou*,
S. 426; *Lachenal*, S. 342; *Giraud*, S. 89 f.; *Gros Espiell*, Las Constituciones,
S. 67.
[82] Artikel 103 der Schweizer Bundesverfassung.
[83] Die Anwendung neuer parlamentarischer Kontrollfunktionen bewirkte
mehr Rücktritte, als es auf Grund der Mißtrauensvoten der Fall war; vgl.
Pablo Blanco Acevedo, Estudios, S. 107.

dungen trafen. Das einfache System komplizierte sich also und Ein-Parteien-Regierungen und Koalitionsregierungen[84] wechselten einander als politische Führungsformeln ab. Darüber hinaus war die Arbeit des Nationalen Verwaltungsrates auf Grund eines entscheidenden Fehlers der Verfassung von 1918 erschwert: Die Zuständigkeiten dieses Gremiums waren nicht hinreichend umrissen. Die Folge davon war, daß der Rat eigentlich nur als Beratungsorgan tätig war und sich zu sehr mit kleinen, unwichtigen Angelegenheiten befaßte.

Die Anfänge des neuen Verfassungslebens waren zahlreichen Schwierigkeiten unterworfen, zumal die Männer, die jenen Verfassungsauftrag in die Tat umzusetzen hatten, zu lange unter dem System von 1830 gelebt hatten und sich somit nicht leicht dem neuen Verfassungssystem anpassen konnten. Es war nicht einfach, zwischen dem Präsidenten und dem Nationalen Verwaltungsrat ein Gleichgewicht herzustellen. Der Präsident versuchte oft genug, Entscheidungen des Rates zu beeinflussen[85].

Aber allmählich wurden diese Schwierigkeiten überwunden und die Beziehungen zwischen Rat und Präsident begannen sich zu normalisieren. Bereits unter den Präsidenten *Serrato* (1923—1927) und *Campisteguy* (1927—1931) war unverkennbar, daß man ein System friedlich demokratischen Zusammenlebens gefunden hatte[86]. Die Wahlkämpfe verloren ihren oft kriegerischen Charakter und das Wahlsystem selbst wurde entscheidend verbessert[87]. Militär und Polizei widmeten sich ausschließlich ihren eigentlichen Aufgaben und hörten auf, als Wahlinstrumente der Regierung zu dienen.

§ 4: Die Verfassung von 1934

I. Der Staatsstreich von 1933

Das Ende der Verfassung von 1918 zeichnete sich ab, als unter Führung des Colorado-Staatspräsidenten *Terra* (1931—1938) Reformbestre-

---

[84] «Gobiernos de coparticipación.»
[85] *Brum* (1919—1923), erster Präsident der Verfassung von 1918, stieß während seiner Amtszeit mehrere Male mit dem Nationalen Verwaltungsrat zusammen. Die ersten zwei Jahre seiner Präsidentschaft waren von politischer Nervosität gekennzeichnet und nicht selten hörte man das neue Verfassungssystem in seinen Grundfesten erbeben. Vgl. *J. Jiménez de Aréchaga*, 1952, Bd. 1, S. 35.
[86] Vgl. *Gros Espiell*, Esquema, S. 97.
[87] In dieser Entwicklung bildete das Wahlgesetz von 1924 (Gesetz Nr. 7690 vom 9. Januar 1924) einen der bedeutendsten Fortschritte in der uruguayischen Verfassungsgeschichte. Dieses Gesetz schuf mehr Garantien für den Wähler, der nun auch in der Praxis „frei" und „gleich" seine Stimme abgeben konnte.

bungen einsetzten, die eine Beseitigung des Kollegialsystems und eine weitere Parlamentarisierung des Verfassungssystems zum Ziel hatten. Diese Bestrebungen stießen aber auf erhebliche Schwierigkeiten, da die Mehrheit im Senat, die Mehrheit im Repräsentantenhaus und auch die Mehrheit im Nationalen Verwaltungsrat eine Fortsetzung des kollegialen Regierungssystems wünschten. Eine Änderung der Verfassung von 1918 war daher auf verfassungsmäßigem Wege nicht möglich[88].

Damit bot sich erneut die These an, daß Volksabstimmungen und Volkssouveränität es ermöglichen sollten, eine Verfassung zu ändern, wenn und wie es dem Willen des Volkes entspricht, auch wenn eine solche Änderung nicht in Übereinstimmung mit den verfassungsrechtlichen Bestimmungen stehen sollte[89]. Als sich die innenpolitische Lage Uruguays in zunehmendem Maße verwickelte und sich im Parlament ein politischer Prozeß[90] gegen den Präsidenten anbahnte, antwortete dieser mit einem Staatsstreich. Er löste am 31. März 1933 das Parlament und den Nationalen Verwaltungsrat auf und begann mit der Diktatur.

Aber eben jene diktatorische Regierung war es, die, trotz Fehlens aller Garantien und Freiheiten, bereits 45 Tage nach dem Staatsstreich Wahlen zu einem Nationalen Verfassungskonvent ausschrieb, der am 25. Juni 1933 zusammentrat. Der von dieser Versammlung ausgearbeitete Entwurf sollte dann später dem Volk zur Entscheidung vorgelegt werden.

II. Ein neo-parlamentarisches System

Der erste Weltkrieg hatte im internationalen Verfassungsrecht neue Tendenzen entstehen lassen. Die Weimarer Verfassung, die österreichische Verfassung von 1920, die preußische Verfassung von 1920 und die

---

[88] Nach Artikel 177 und 178 der Verfassung von 1918 war eine teilweise oder völlige Änderung der Verfassung nur mit Zustimmung von zwei Dritteln beider Kammern möglich.

[89] Da die Verfassung von 1830 für ihre Änderung einen höchst komplizierten Mechanismus vorsah, war der Weg für eine Verfassungsänderung erst frei, nachdem das Verfassungsgesetz vom 28. 8. 1912 diesen Mechanismus dadurch abgeändert hatte, daß das Volk nunmehr unmittelbar an einer Verfassungsänderung beteiligt war. Vgl. *Gros Espiell*, Las Constituciones, S. 176 f.; *J. Jiménez de Aréchaga*, 1952, Bd. 1, S. 20 u. 39; *Manini Ríos*, Sinopsis de la historia constitucional del Uruguay, in Cuadernos de Síntesis, Nr. 2, Montevideo, 1967, S. 31.

[90] „Juicio político" vgl. oben FN 15; Mitglieder des Nationalen Verwaltungsrates und eine umfangreiche Gruppe von Parlamentariern hatten den Präsidenten in einem Manifest beschuldigt, „montar en la sombra la máquina de la dictadura", nachdem der Präsident angedeutet hatte, über seine Reformbestrebungen das Volk selbst befragen zu wollen. Vgl. *Gros Espiell*, Las Constituciones, S. 78.

tschechoslowakische Verfassung von 1920 waren hiervon geprägt und zugleich richtungweisend für die ganze Welt.

Etwas später entsteht ein Verfassungsdokument, das, ohne vielleicht den gleichen wissenschaftlichen Wert aufzuweisen, aus politischen und gefühlsmäßigen Gründen stärksten Einfluß auf die Entwicklung des lateinamerikanischen Verfassungsrechts nehmen sollte: die Verfassung der Republik Spanien von 1931[91].

Aber nicht nur die demokratischen Tendenzen jener Verfassungen inspirierten die uruguayischen Verfassunggeber von 1934. Auch die autoritären und reaktionären Bewegungen in Europa, wie Faschismus und Nationalsozialismus, wie auch die Ideen von *Tardieu* und *Laval*[92] blieben auf die Schöpfer der Verfassung von 1934 nicht ohne Eindruck. Im uruguayischen Verfassungskonvent von 1934[93] war zunächst eine Tendenz spürbar, die ein gemäßigtes parlamentarisches System anstrebte. An der Spitze dieses Systems sollte ein Exekutiv-Organ stehen, dessen Mitglieder der politischen Kontrolle des Parlaments unterliegen sollten. Das Parlament sollte die Möglichkeit haben, die Politik der Regierung über ein Mißtrauensvotum beeinflussen und ändern zu können. Andererseits sollte die Regierung die Möglichkeit haben, das Parlament aufzulösen, um durch anschließende Neuwahlen möglicherweise die Unterstützung des neuen Parlaments zu gewinnen. Bei einem Streit zwischen Parlament und Regierung sollte also das Volk als Schiedsrichter angerufen werden können.

Der Verfassungskonvent sah hierin aber schließlich ein zu unsicheres System, in dem die Regierung zufälligen Mehrheiten ausgesetzt war und in dem zu leicht Mißtrauensvoten ausgesprochen werden konnten. So entschlossen sich die am Verfassungskonvent beteiligten Gruppen über einen Pakt[94] zu einer Lösung, die unter Berücksichtigung parlamentarischer Grundsätze der Regierung die notwendige Standfestigkeit geben sollte.

Der vom Nationalen Verfassungskonvent erarbeitete Entwurf wurde am 24. März 1934 von der gleichen Versammlung verabschiedet und durch den Volksentscheid vom 19. April desselben Jahres gebilligt. Die Verfassung trat am 15. Mai 1934 in Kraft.

---

[91] Vgl. *J. Jiménez de Aréchaga*, 1952, S. 41.

[92] *Tardieu's* Buch „La Revolution a refaire", und hier insbesondere Bd. I, „Le Souverain Captif", ist eines der wenigen, die von den Verfassungsvätern 1934 zitiert werden; *J. Jiménez de Aréchaga*, a. a. O.

[93] In diesem Verfassungskonvent waren nicht alle politischen Gruppen des Landes vertreten, nicht einmal alle Fraktionen der beiden großen Parteien, sondern nur die, die den Staatsstreich unterstützt hatten. Vgl. *Gros Espiell*, Esquema, S. 104.

[94] Vgl. oben FN 70.

Die Verfassung von 1934 bedeutete die Einführung unzweifelhafter Elemente eines „rationalisierten Parlamentarismus"[95] oder „Neo-Parlamentarismus", kombiniert mit Elementen des herkömmlichen Präsidialsystems. Sie hielt im übrigen am demokratischen und republikanischen Staat der Verfassung von 1918 fest und das Wählervolk erscheint nach wie vor als Ursprung und Quelle der nachgeordneten Staatsgewalten. Die Verfassung von 1934 verlieh dem Wähler allerdings neue Züge. So kann man seit der Reform von 1934 schon nicht mehr sagen, daß nur die uruguayischen Bürger das Wählervolk bilden. Denn mit ihr erscheint eine neue Kategorie von Wählern: die Ausländer, die, ohne uruguayische Bürger werden zu müssen, unter bestimmten Voraussetzungen das Wahlrecht erhalten[96]; eine Eigenart der uruguayischen Verfassung, die, ohne besondere Begründung, schließlich bis heute beibehalten wurde[97]. In der Verfassung von 1934 erschienen auch zum ersten Mal in der uruguayischen Verfassungsgeschichte die politischen Parteien. Zur Überwachung der Unverletzlichkeit des Stimmrechts wurden ihnen gewisse Befugnisse eingeräumt. Auch bei den Vorschriften über die Zusammensetzung des Senats wie bei der Verteilung der Ministerien werden die Parteien ausdrücklich erwähnt.

Den allgemeinen Grundrechten fügte die neue Verfassung sog. „soziale Rechte" hinzu, wie Arbeitsschutz (Art. 53), Lohngerechtigkeit (Art. 55), soziale Sicherheit (Art. 58), Streikrecht (Art. 56), usw. Damit wollten die Verfassungsgeber das Volk wohl auch vergessen lassen, daß die allgemeinen Grundrechte während der Ausarbeitung der Verfassung weitgehend aufgehoben waren[98].

---

[95] *Mirkine-Guetzévitch* benutzte die Bezeichnungen „rationalisation du pouvoir" und „le parlementarisme rationalisé", um die neuen parlamentarischen Formen zu charakterisieren, die die europäischen Verfassungen der Zeit nach dem 1. Weltkrieg hervorgebracht hatten. Vgl. *Mirkine-Guetzévitch*, Les constitutions européennes, S. 55; ders. Tendencias, S. 13 u. 203 ff.; ders., Le régime parlementaire, S. 9 ff.

[96] Art. 68: «Todo ciudadano es miembro de la soberanía de la Nación; como tal es elector y elegible en los casos y formas que se designarán...» Art. 64: «Los ciudadanos de la República Oriental del Uruguay son naturales o legales.» Art. 66: «Tienen derecho a la ciudadanía legal:

A) Los hombres y mujeres extranjeros casados, de buena conducta, que, poseyendo algún capital en giro o propiedad en el país, o profesando alguna ciencia, arte o industria, tengan tres años de residencia habitual en la República.

B) Los hombres y mujeres extranjeros de buena conducta, no casados, o casados cuyas esposas o esposos no residan en la República, que tengan alguna de las cualidades del inciso anterior y cinco años de residencia habitual en el país.

C) Los hombres y mujeres extranjeros que obtengan gracia especial de la Asamblea por servicios notables o méritos relevantes...»

[97] Vgl. Art. 66 u. 68 der Verfassung von 1942, Art. 75 und 77 von 1952 und Art. 75 und 77 von 1967.

[98] Vgl. *J. Jiménez de Aréchaga*, 1952, Bd. 1, S. 43; *Gros Espiell*, Las Constituciones, S. 79 ff.

1. Das „duplex"-System

Die bedeutendsten Änderungen brachte die Reform von 1934 in Bezug auf die Regierungsform. Die Exekutive wurde erneuert. Die Zweiteilung zwischen Präsident und Nationalem Verwaltungsrat wurde aufgehoben. Statt dessen führte die Verfassung einen neuen Dualismus ein: die Regierungsgewalt lag in den Händen des Präsidenten[99] oder in den Händen des Ministerrates[100].

Die interessantesten Merkmale dieses Systems ergaben sich aus der doppelten Funktion des direkt vom Volk gewählten Präsidenten als Staats- und Regierungschef. Der Präsident der Verfassung von 1934 war kein dem deutschen Bundespräsidenten vergleichbarer Mittler, sondern ein Politiker, der, wie in einem Präsidialsystem, gewählt war, ein bestimmtes Programm durchzuführen. Zugleich war er aber gehalten, mit Ministern zusammenzuarbeiten, die die Unterstützung ihrer Fraktionen hatten[101]. Diese Minister hatten aber keinen Ministerpräsidenten. Der Präsident der Republik war sein eigener Ministerpräsident.

Ein gewisser kollegialer Aufbau blieb innerhalb der Regierung aber insoweit erhalten, als der Ministerrat unter dem Vorsitz des Präsidenten in jeder Regierungsangelegenheit beraten konnte, sofern der Präsident oder einer der neun Minister dies wünschte[102]. Dieses „Colegiado eventual" glich dem parlamentarischen Kabinett, ihm fehlte aber dessen wesentlicher Teil, der Ministerpräsident. Die Verfassung nannte die Versammlung von Präsident und Ministern zwar „Kabinett"[103], ein einheitliches Organ bildete sie aber nicht und im Ministerrat war der Prä-

---

[99] In Zusammenarbeit mit dem oder den zuständigen Ministern oder mit dem Ministerrat: vgl. Art. 158: «Al Presidente de la República, actuando con el Ministro o Ministros respectivos, o con el Consejo de Ministros... corresponde...»

[100] Art. 158 i. V. mit Art. 176: «El Consejo de Ministros se integrará con los titulares de las respectivas carteras o quienes hagan sus veces, y tendrá competencia privativa en todos los actos de gobierno y administración que planteen en su seno el Presidente de la República o cualquiera de sus Ministros. Actuará bajo la presidencia del Presidente de la República, quien tendrá voz en las deliberaciones y voto en las resoluciones, que será decisivo para los casos de empate, aún cuando éste se hubiere producido por efecto de su propio voto.»

[101] Vgl. Art. 163: «El Presidente de la República adjudicará y distribuirá los Ministros entre cuidadanos que, por contar con el apoyo de su grupo parlamentario, aseguren su permanencia en el cargo...» In bezug auf die Verteilung der Ministerien spürte man das politische Abkommen, das der Verfassung von 1934 zugrunde lag: drei von neun Ministern standen der zweitstärksten Partei zu, die übrigen stellte die stärkste Partei.

[102] Vgl. oben FN 100.

[103] Art. 139: «... Se entenderán por desaprobación colectiva la que afecte a la mayoría del Gabinete.»

sident zwar ein besonderes Mitglied[104], aber nur ein Mitglied. Außerdem
konnte der Ministerrat Entscheidungen des Präsidenten, die dieser im
Einvernehmen mit einem oder mehreren Ministern getroffen hatte,
überprüfen und rückgängig machen[105]. Dieses eigenartige System, dem
die uruguayische Lehre den Namen „duplex"[106] gab, war im internationalen Verfassungsrecht ohnegleichen, eine Einordnung in die klassischen
Formen ist nicht möglich.

2. Spuren einer Rationalisierung der politischen Vorgänge

Die parlamentarischen Elemente des Systems von 1934 entsprachen
der Tendenz des „rationalisierten" Parlamentarismus, der insbesondere
in den Verfassungen der Zeit nach dem ersten Weltkrieg zu finden ist[107].
Die uruguayische Verfassung von 1934 regelte die Möglichkeit des Mißtrauensvotums und der Parlamentsauflösung in dem Bestreben, die Regierung stabil und krisenfest zu machen. Mögliche Auseinandersetzungen zwischen den beiden direkt vom Volk gewählten Machtzentren, Präsident und Parlament, sollten so ihren logischen Ausgang nehmen: Auflösung des Parlaments durch den Präsidenten und Ausschreibung von
Neuwahlen, wenn der Präsident ein Mißtrauensvotum des Parlaments,
das sich gegen den Präsidenten oder gegen einen oder mehrere Minister
richten konnte, zurückgewiesen hatte und wenn das Parlament dieses
Votum dennoch aufrecht erhielt[108]. Der Präsident setzte dabei nicht nur
die Position seiner Minister, sondern auch seine eigene Position aufs

---

[104] Bei den Beratungen des Ministerrates hatte der Präsident Sitz und
Stimme und im Falle der Stimmengleichheit gab seine Stimme den Ausschlag. Vgl. Art. 176 Abs. 2.
[105] Art. 178 Abs. 2: «Las resoluciones que originariamente hubieran sido
acordadas por el Presidente de la República con el Ministro o Ministros
respectivos, podrán ser revocadas por el Consejo por mayoría absoluta de
presentes.»
[106] Diese Bezeichnung stammt von den beiden Politikwissenschaftlern
Espalter und *Demicheli*. *Espalter* erkannte, daß dieses System weder rein
präsidiale noch rein parlamentarische Züge hatte. Nach ihm sollten die Minister sowohl das Vertrauen des Parlaments als auch das Vertrauen des Präsidenten haben: „Der Nachteil des rein parlamentarischen Systems liegt bei
der geringen Standfestigkeit seiner Regierungen. Die Launen des Parlaments,
das Bestreben der Abgeordneten, Ministerposten zu erlangen, haben ihr wirk-
sames Gegengewicht in der Person eines Präsidenten, der sich seine Mit-
arbeiter selbst aussucht und dem man, ohne ihn seiner Rechte beschneiden zu
wollen, nicht die Liste seiner Minister vorschreiben kann. Andererseits kann
der Präsident sich nicht ohne weiteres der Ausübung seiner persönlichen
Macht hingeben und mit einem Hofstab regieren, denn seine Minister sind
auf das Vertrauen und die Unterstützung des Parlaments angewiesen." Vgl.
Espalter, in Discursos parlamentarios, publicación del Senado, Bd. VII, S. 466;
Demicheli, Ejecutivo, S. 174 f.
[107] Vgl. oben § 4 II vor 1.
[108] Artikel 141.

Spiel. Denn wenn das neugewählte Parlament das Mißtrauensvotum bestätigte, stürzten der Präsident und alle Minister[109].

Unter den Elementen jener „Rationalisierung" in der uruguayischen
Verfassung von 1934 ist das Bestreben hervorzuheben, Meinungsverschiedenheiten zwischen den beiden Kammern dadurch zu vermeiden,
daß diese die Möglichkeit hatten, in gemeinsamer Sitzung, als „Asamblea
General", über die Politik der Regierung zu beraten[110].

3. Eine willkürliche Formel

Die Reform von 1934 brachte auch für die Legislative entscheidende
Änderungen, insbesondere was die Zusammensetzung des Senats betrifft. Während sich die Anzahl der Abgeordneten des Repräsentantenhauses von 123 auf 99 verringerte[111], sah die Verfassung für den Senat
ein besonderes System vor: die Zahl der Senatoren wurde auf 30 festgesetzt. Von den 30 Senatssitzen entfielen 15 auf die stärkste Partei und
15 auf die zweitstärkste[112]. Den Vorsitz im Senat hatte der Vizepräsident
der Republik mit Sitz und Stimme.

Für die politische Wirklichkeit bedeutete dies, daß neben dem Vizepräsidenten „Colorados" wie „Blancos" je 15 Senatoren stellten. Alle
anderen politischen Gruppen waren vom Senat ausgeschlossen.

Die Willkür dieser Formel erklärt sich nur dann, wenn man berücksichtigt, daß das neue Verfassungssystem nur geschaffen war, um das
politische Bündnis aufrechtzuerhalten, das die Parteien eingegangen
waren, die an dem Staatsstreich von 1933 maßgeblich beteiligt waren[113].

---

[109] Artikel 143: «Dentro de los quince días de su constitución, la nueva
Asamblea General, por mayoría absoluta de sus componentes, mantendrá o
revocará el voto de desaprobación. Si lo mantuviera, caerán el Presidente de
la República y el Consejo de Ministros.»

[110] Vgl. Artikel 137; diese Formel hatte bereits der italienische Politologe
Mosca 1928 in seiner Studie über „Ursachen und Mittel im parlamentarischen
System" erarbeitet, veröffentlicht in *Mosca,* Partiti e sindicati nella crisi del
regime parlamentare, S. 13 ff. Diese Idee finden wir aber bereits bei den
Schöpfern der ekuatorianischen Verfassung von 1878, wonach ein Miß-
trauensvotum gegen einen Minister wie auch der sog. „politische Prozeß" der
gemeinsamen Versammlung beider Kammern vorbehalten war (Art. 36 u. 33
Abs. 1).

[111] Artikel 78; nach der Verfassung von 1918 (Art. 19) entfiel auf je 3000
Stimmen ein Abgeordneter.

[112] Artikel 86: «De los treinta miembros elegidos en la forma del artículo
anterior, corresponderán a la lista más votada del lema que siga en número
de votos.»

[113] Vgl. *J. Jiménez de Aréchaga,* 1952, Bd. 1, S. 47; vgl. auch oben FN 93.

So willkürlich diese Formel aber auch erscheinen mag, sie entsprach völlig der politischen Wirklichkeit Uruguays, wo — bis in die jüngste Vergangenheit — die beiden großen Parteien des Landes über 90 % der Wähler hinter sich hatten, so daß eine vermeintliche Ungerechtigkeit gegenüber dritten Oppositions- oder Minderheitsparteien in der politischen Wirklichkeit nicht vorlag. Die Verfassung von 1934 war also lediglich ein Instrument, um gegenwärtige politische Verhältnisse verfassungsmäßig zu verankern.

4. Die „leyes constitucionales"

Eine einzigartige Neuerung brachte die Reform von 1934 in Bezug auf die Vorschriften über die Änderung der Verfassung. Unter den verschiedenen Möglichkeiten erschien nun die der „leyes constitucionales" (Verfassungsgesetze). Dieses Institut bedeutete insoweit eine Besonderheit, als diese verfassungändernden Gesetze bereits mit ihrer Verabschiedung in Kraft traten, ohne daß es eines Volksentscheides bedurfte. Die Billigung durch Volksentscheid war hier, anders als bei den übrigen Änderungsmöglichkeiten[114], keine notwendige Voraussetzung für das Inkrafttreten der Verfassungsänderung. Ein Volksentscheid war aber anschließend erforderlich, der für den Fall der Ablehnung die Wirkung hatte, daß die vom Parlament beschlossenen Verfassungsgesetze wieder außer Kraft gesetzt wurden[115].

III. Die politische und institutionelle Entwicklung nach 1934

1. Das neo-parlamentarische System von 1934 hielt nicht, was es versprochen hatte und was sich die Verfassungsväter von ihm erhofft hatten[116]. Auch nach der Reform von 1934 hielt der mit dem Staatsstreich

---

[114] Vgl. Artikel 284 A, wonach auf Initiative von mindestens 20 % der Wahlberechtigten dem Parlament ein Änderungsentwurf zugeleitet werden konnte, über den das Volk zu entscheiden hatte, oder Artikel 284 B, der dem Parlament insoweit ein Initiativrecht gab, als mindestens $^2/_5$ der Abgeordneten einen Entwurf verabschieden konnten, der dann ebenfalls zur Volksabstimmung gelangte.

[115] Artikel 284 C: «La Constitución podrá ser reformada, también, por Leyes constitucionales que requerirán para su sanción los dos tercios del total de componentes de cada una de las Cámaras, dentro de una misma Legislatura. Las Leyes constitucionales ... entrarán en vigencia inmediatamente después de sancionadas por ambas Cámaras. Sin perjuicio de ello, se someterán al referéndum popular en la primera elección que se realice después de su sanción ...»

[116] Vgl. *Gros Espiell*, Esquema, S. 116.

von 1933 geschaffene Zustand an. Die umfangreiche Aufzählung von Rechten, Pflichten und Garantien allein konnte die damals herrschende Willkür nicht beseitigen und in der Wirklichkeit bildeten jene Garantien weder einen hinreichenden Schutz für den einzelnen Bürger noch für die oppositionellen Parteien. Eine Parlamentarisierung des Systems war zwar auf dem Papier vorhanden, nicht aber in der politischen Wirklichkeit[117].

Der Ministerrat trat nie als Mittler oder Kontrollorgan des Präsidenten in Erscheinung. Die Regierungsgewalt lag weiterhin allein in den Händen des Präsidenten und die Minister, die von ihm ernannt und abberufen wurden, besaßen auch im Ministerrat nicht die erforderliche politische Kraft, um dieses Gremium so funktionieren zu lassen, wie es seinen Schöpfern wohl vorgeschwebt hatte. Der Umstand, daß der zweitstärksten Partei auf jeden Fall eine bestimmte Anzahl von Ministerien zustand, ließ jedes Interesse an einem parlamentarischen Mißtrauensvotum sinken. Aber selbst wenn es dazu kam, an der nach Parteien erfolgenden Verteilung der Ministerien konnte dies nichts ändern, denn die Person des Ministers konnte zwar ersetzt werden, nicht aber die Parteigebundenheit des Ministeriums. Ein den „Colorados" angehörender Minister konnte also nur durch ein anderes Mitglied dieser Partei ersetzt werden. Das Institut des parlamentarischen Mißtrauensvotums wurde in der politischen Wirklichkeit durch bloße Mißbilligungen der einzelnen Kammern ersetzt[118], ohne daß dies irgendwelche verfassungsrechtlichen Folgen gehabt hätte. Diese Erklärungen bewirkten aber auf Grund ihres politischen Gewichts nicht selten den Rücktritt oder Sturz des betreffenden Ministers.

Da die Verfassung von 1934 nicht ausdrücklich regelte, ob und wieweit die Grundfreiheiten eingeschränkt werden konnten, wurden sie in der politischen Wirklichkeit praktisch eliminiert. Nach Inkrafttreten der Verfassung wurden zahlreiche Gesetze verabschiedet, die eben jene Grundfreiheiten entscheidend einschränkten. Zu den ärgsten Beispielen zählt dabei ein Gesetz aus dem Jahre 1936, das bis heute in Geltung ist und das Demonstrationen und Protestaktionen jeder Art verbietet, die die inneren Verhältnisse oder die Politik ausländischer Staaten zum Gegenstand haben[119].

---

[117] Vgl. *J. Jiménez de Aréchaga*, 1952, Bd. 1, S. 51.
[118] Artikel 108 und 110; dazu kam es nicht, weil die kleinen Parteien im Parlament etwa das „Zünglein an der Waage" zwischen den beiden großen Parteien gebildet hätten, sondern weil die politischen Fronten nicht selten quer durch die großen Parteien gingen.
[119] Gesetz Nr. 9565 vom 2. Juni 1936, abgedruckt in *Martins-Gros Espiell*, S. 357; Artikel 1: «Toda reunión cuya finalidad sea la de hacer demostraciones o críticas, favorables o contrarias, a la política de Estados extranjeros, o a su situación interna o a su actuación como persona de derecho internacional,

2. Die Wahlgesetzgebung nach Inkrafttreten der Verfassung von 1934 war für Uruguay von größter institutioneller und politischer Bedeutung.

Angesichts der starken Zersplitterungstendenzen innerhalb der „Colorados" und „Blancos" sahen sich diese beiden Traditionsparteien gezwungen, ein System zu schaffen, das — wenn auch nur pro forma — die traditionelle Einheit und Stärke der beiden Parteien bewahren sollte: das System der „lemas"[120].

„Lema" ist die offizielle Bezeichnung, unter der jede Partei bei der „Corte Electoral"[121] eingeschrieben ist. Es gibt also soviele „lemas" wie es Parteien gibt. Die Wählerstimmen werden für diese „lemas" abgegeben.

In der „lema"-Gesetzgebung ragt ein Gesetz besonders heraus, das den Spaltungstendenzen innerhalb der beiden großen Parteien am deutlichsten Rechnung trägt und das das Bestreben der „Colorados" und „Blancos", die Macht weiterhin unter sich zu teilen und andere Parteien davon auszuschließen, sichtbar macht: das zweite „lema"-Gesetz vom 23. Mai 1939[122]. Dieses Gesetz, das bis heute zu den umstrittensten der uruguayischen Geschichte zählt, gesteht den zahlreichen Fraktionen innerhalb einer Partei das Recht auf ein „sublema" zu. Damit gibt der uruguayische Gesetzgeber den Splittergruppen einer Partei die Möglichkeit, unter einer eigenen Bezeichnung an den Wahlen teilzunehmen, ohne allerdings die Gesamtpartei damit irgendwie zu schwächen. Denn die Stimmen, die auf diese „sublemas" entfallen, werden auch der Gesamtpartei, dem „lema" zugerechnet. Die Zusammenzählung nach „sublemas" sollte demnach nur klären, welche Gruppe innerhalb der siegreichen Partei die führende Rolle spielen konnte.

Die Bedeutung dieser komplizierten Gesetzgebung für das politische Leben Uruguays war enorm. Mit ihr bewahrte der uruguayische Gesetzgeber die traditionelle Stärke der beiden großen Parteien, die, trotz starken Auseinanderfallens, durch die Zusammenzählung nach „lemas"

---

deberá ser previamente autorizada...» Dieses Gesetz steht im Zusammenhang mit der unterschiedlichen Haltung der uruguayischen Parteien zu den nationalsozialistischen und faschistischen Erscheinungen in Europa.

[120] „lema" = Motto, Devise, Wahlspruch; die erste „ley de lemas", Gesetz Nr. 9378 vom 5. Mai 1934, regelt Bedeutung und Gebrauch der „lemas". Danach ist diejenige Gruppe Träger des jeweiligen „lema", die die Mehrheit der Abgeordneten dieser Gruppe im Parlament stellt.

[121] Dieses „Wahlgericht", das sämtliche Wahlakte in Uruguay überwacht, war bereits durch Gesetz Nr. 7690 vom 9. Januar 1924 geschaffen worden und wurde dann in die Verfassung von 1934 (Art. 278) übernommen.

[122] Gesetz Nr. 9831, abgedruckt in *Martins-Gros Espiell*, S. 374 ff.; Artikel 2: «Las agrupaciones políticas que se hayan formado dentro de un partido y no hayan tenido registrado anteriormente lema propio, tendrán derecho a sublema dentro del lema del partido...»

die Wahlen immer wieder unter sich ausmachen konnten. Den übrigen Parteien war damit auf absehbare Zeit jede Chance genommen, am politischen Leben Uruguays entscheidend teilhaben zu können.

3. Das Verfassungsgesetz vom 30. Dezember 1936[123] setzte diese Tendenz fort. Es änderte das geltende Wahlsystem insoweit, als es die Stellung der beiden großen Parteien dadurch weiter festigte, daß es Koalitionen zwischen den kleineren Parteien von vornherein unmöglich machte. So untersagte dieses Gesetz für die Wahlen zum Senat die Aufstellung von Listen, in denen Personen aufgeführt waren, die vorher verschiedenen politischen Parteien angehört hatten[124]. Den kleineren Parteien blieb der Senat damit verschlossen. Das „medio y medio"-System (15 Senatoren für die stärkste und 15 Senatoren für die zweitstärkste Partei) wurde dadurch vervollkommnet, daß nun nicht mehr der Vizepräsident dem Senat mit Sitz und Stimme vorstand, sondern abwechselnd der Senatsspitzenkandidat der „Blancos" und der der „Colorados", und zwar für jeweils eine Legislaturperiode. Die Anzahl der Senatsmitglieder war damit von 31 auf 30 herabgesetzt.

Mit demselben Gesetz wurde des weiteren ein System eingeführt, das im internationalen Öffentlichen Recht seinesgleichen sucht: das sog. „System der Stimmenaufwertung"[125]. Danach reichte es für das Zustandekommen eines Gesetzes, wenn die absolute Mehrheit der beiden Parteien im Senat, im Repräsentantenhaus oder in der „Asamblea General"[126] diesem Gesetz zustimmte, auch wenn die von der Verfassung oder durch Gesetz möglicherweise geforderte qualifizierte Mehrheit insgesamt nicht erreicht wurde[127].

§ 5: Die Verfassungsreform von 1942

I. Der Staatsstreich des Präsidenten Baldomir

Der Präsident der Verfassung von 1934 konnte die Mehrheit seiner Minister aus den Reihen seiner eigenen Partei auswählen, andererseits

---

[123] „ley constitucional" Nr. 9644, öffentlich bekanntgemacht am 11. 1. 1937, gebilligt durch Volksentscheid vom 27. 3. 1938, abgedruckt bei *De la Bandera*, S. 765 ff.
[124] «Las listas de candidatos a Senadores deberán estar, en su totalidad, integrantes ciudadanos pertenecientes a un mismo partido político»" so Artikel 1 des Gesetzes, der insoweit Art. 86 der Verfassung von 1934 abänderte.
[125] «Sistema del revalúo de votos.»
[126] Vgl. oben § 4 II 2.
[127] Artikel 2 des Gesetzes: «En todos los casos en que la Constitución o la ley establezcan mayorías especiales para las elecciones y decisiones de la Asamblea General, de ambas Cámaras..., bastará también con la mayoría absoluta de las mismas, cuando concurran a formarla la mayoría de los integrantes de cada uno de los mayores sectores parlamentarios.»

war er aber gezwungen, auch Minister aus der zweitstärksten Partei in die Regierung zu berufen[128]. Unter dem Präsidenten *Baldomir* (1938 bis 1943) führte dies zu einer ernsten Regierungskrise, die in einem Staatsstreich gipfelte, der den Ausgangspunkt für eine neue uruguayische Verfassung bildete.

Aus den Präsidentschaftswahlen des Jahres 1938, an denen die kleinen Parteien aus Protest gegen die jüngste Wahlgesetzgebung nicht teilnahmen, war General Baldomir (Colorado) als Sieger hervorgegangen. Während seiner Amtszeit bewegten besonders zwei Ereignisse das politische Leben Uruguays: der Beginn des zweiten Weltkrieges und die intensiven Bestrebungen, die noch junge uruguayische Verfassung von 1934 zu ändern.

An der Spitze dieser Reformbewegung stand Präsident Baldomir selbst, der sich verfassungsmäßig gezwungen sah, in sein Kabinett Minister der „Blanco"-Partei aufzunehmen, während diese Partei zur gleichen Zeit vom Parlament aus die Politik der Regierung aufs schärfste attackierte. Da Baldomir keine Möglichkeit erblickte, seine Reformbestrebungen auf verfassungsmäßigem Wege durchzusetzen[129], ersetzte er 1941 die drei „Blanco"-Minister seiner Regierung durch Mitglieder der „Colorado"-Partei.

Der Staatsstreich dürfte bereits in dieser Aktion des Präsidenten zu sehen sein[130], denn Baldomir verstieß damit gegen die in der Verfassung garantierte „coparticipación". In der verfassungswidrigen Parlamentsauflösung vom 21. Februar 1942 ist nur der zweite Akt des Staatsstreichs zu sehen.

An die Stelle des Parlaments trat ein „Consejo de Estado" (Staatsrat)[131], der sich fast ausschließlich aus Mitgliedern der Partei des Präsidenten Baldomir zusammensetzte.

Dieser „Consejo de Estado" war mit der Aufgabe betraut, die vorliegenden Verfassungsentwürfe zu erörtern[132]. Den von diesem Gremium

---

[128] Vgl. Artikel 163 der Verfassung von 1934: «El Presidente de la República ... distribuirá los ministros ... con sujeción a la siguiente porción:
A) Cino a seis, en nueve, a la mayoría que haya triunfado en las elecciones de Presidente de la República.
B) Tres al partido que en dicha elección le siga en número de sufragios ...»
Vgl. dazu auch oben FN 101.

[129] Bereits 1940 hatte Baldomir eine „Comisión Consultiva de Reforma" einberufen, die noch im selben Jahr verschiedene Reformvorschläge behandelte. Der Entwurf, auf den man sich in dieser Versammlung schließlich einigte, stieß aber auf soviel Widerstand, daß die Regierung sich veranlaßt sah, diesen Entwurf fallen zu lassen. Vgl. dazu *De la Bandera*, S. 19 f.

[130] Vgl. auch *Gros Espiell*, Las Constituciones, S. 103.

[131] Geschaffen durch Gesetzes-Dekret Nr. 10124 vom 21. Februar 1942.

[132] Mit Gesetzes-Dekret Nr. 10229 vom 9. März 1942 wurden Struktur und

ausgearbeiteten Entwurf legte General Baldomir als „de-facto"-Regierungschef dem Volk zur Entscheidung vor. Dieser Volksentscheid ging unter Wahrung aller denkbaren demokratischen Garantien vor sich[133].

Dies alles geschah in einem äußerst kurzen Zeitraum: Am 21. Februar 1942 löste Präsident Baldomir das Parlament auf, kurz darauf trat der „Consejo de Estado" zusammen und am 29. November desselben Jahres wurden zugleich mit dem Volksentscheid[134] bereits auf der Grundlage der neuen Verfassung allgemeine Wahlen abgehalten. Die verfassungsmäßig gewählte Regierung konnte so bereits am 1. März 1943 ihre Tätigkeit aufnehmen.

In diesen Ereignissen dürfte ein selbst für Lateinamerika seltener Vorgang zu sehen sein: Ein Militär, der die gesamte Macht des Staatsapparates in Händen hat, benutzt diese Macht, um seinem Staat eine neue Verfassung zu geben, diese dem Volk zur freien Abstimmung vorzulegen, um das Volk dann in freier Wahl über seine zukünftige Regierung entscheiden zu lassen, und das innerhalb kürzester Zeit.

II. Fortschreitende Parlamentarisierung

Die vierte uruguayische Verfassung wurde mit dem Volksentscheid vom 29. November 1942 gebilligt und trat am 15. Februar 1943 in Kraft.

Die Grundzüge der Verfassung von 1942, die im großen und ganzen am Aufbau der Verfassung von 1934 festhielt, waren folgende: Das Proportionalsystem wurde für beide Gesetzgebungsorgane voll angewandt. Das für die Wahl zum Repräsentantenhaus geltende System wurde also auf den Senat ausgedehnt. Parlamentarische Merkmale wurden stärker betont, auch wenn das System von 1942 vom klassischen europäischen Parlamentarismus noch weit entfernt war. Im Zusammenhang damit schaffte die neue Verfassung die Verpflichtung der zweitstärksten Partei ab, an der Regierungsverantwortung teilzunehmen. Größere Beweglichkeit bei den Möglichkeiten, die Verfassung zu ändern, und erweiterte Normen, die die Geltung der Menschenrechte und die Befugnisse der staatlichen Stellen sicherten, bildeten weitere Grundlinien der Verfassung von 1942.

Zuständigkeiten des Staatsrates dahingehend geändert, daß dieser nur noch als passives, beratendes Organ tätig wurde, während die „Asamblea Deliberante" des „de facto"-Regimes von 1933 aktiv in das politische Geschehen eingriff. Vgl. *Real*, Los decreto-leyes, S. 270; *Sayagués Laso*, Tratado Bd. 1, S. 119.

[133] *J. Jiménez de Aréchaga*, 1952, Bd. 1, S. 57; vgl. dazu auch die Entwicklung zur Verfassung von 1934, oben § 4 I.

[134] 443 414 stimmten mit ja und 131 163 mit nein.

1. Änderungen technischer Art

a) Die Verfassung von 1942 gab der „Asamblea General" das Recht, die Verfassung auszulegen[135], unbeschadet der weiterbestehenden Befugnis des Obersten Gerichtshofes, Gesetze für verfassungswidrig zu erklären. Denn seit der Verfassung von 1934 konnte der Oberste Gerichtshof einzelne Gesetze für verfassungswidrig erklären. Seine Entscheidungen galten aber nur für den Einzelfall[136]. Diese Befugnis der „Suprema Corte" konnte den Gesetzgeber aber nicht hindern, die Verfassung auslegende Gesetze zu erlassen, die die Rechtskraft der beim Obersten Gerichtshof ergangenen Entscheidungen hemmen konnten, soweit sie die Frage der Verfassungswidrigkeit betrafen. Diese Gesetze hatten allgemeine Bedeutung, sie waren also nicht, wie die Entscheidungen des Obersten Gerichtshofes, auf den Einzelfall beschränkt, sondern allgemeinverbindlich, allerdings konnten sie sich auf den Bereich der Verwaltung beziehen, nicht aber auf den Bereich der Rechtsprechung. Der Oberste Gerichtshof blieb aber auch bei diesen Gesetzen letzte Instanz, denn er konnte alle Gesetze, also auch die verfassungsinterpretierenden Gesetze, auf ihre Verfassungsmäßigkeit hin prüfen und für verfassungswidrig erklären.

b) Die Überwachung der Parlamentswahlen legte die Verfassung von 1942 in die Hände der beiden Kammern[137]. Damit kehrte die Verfassung zu dem vor 1934 geltenden System zurück, nachdem die Verfassung von 1934 diese Befugnis der „Corte Electoral" übertragen hatte. Diese Änderung war in erster Linie von politischen Erwägungen getragen, denn die Tatsache, daß die „Corte Electoral" vom Parlament gewählt wurde und somit in gewisser Hinsicht ein verlängerter Arm des Parlaments und der in ihm vertretenen Parteien war, ließ eine Reform im Sinne der Verfassung von 1942 wenig sinnvoll erscheinen. Im übrigen verlor das Parlament auf Grund der neuen Regelung viel Zeit, während es sich mit vermeintlichen Unregelmäßigkeiten bei der Wahl einiger seiner Mitglieder beschäftigte[138].

---

[135] Artikel 75 Ziffer 20: «A la Asamblea General compete: ... Interpretar la Constitución sin perjuicio de la facultad que corresponde a la Suprema Corte...»

[136] Artikel 212: «A la Suprema Corte de Justicia corresponde: 1. Juzgar todos los infractores de la Constitución, sin excepción alguna...» Artikel 229: «Las Leyes podrán ser declaradas inconstitucionales por razon de forma o de contenido...» Artikel 231: «...El fallo de la Suprema Corte de Justicia sólo tendrá efecto en el proceso contradictorio en que sea pronunciado.»

[137] Artikel 95 Abs. 1: «Cada Cámara será Juez privativo para calificar la elección de sus miembros.»

[138] Vgl. J. *Jiménez de Aréchaga*, 1952, Bd. 1, S. 60.

2. Änderungen politischer Art

a) Was den Aufbau der Gesetzgebenden Gewalt betrifft, so war das Hauptthema der Verfassungsreform die Tatsache, daß der Senat sich bisher nur aus Vertretern der beiden stärksten Parteien des Landes zusammensetzte[139]. Was die Verfassung von 1934 als Ausnahmeregelung vorsah, wurde nunmehr als Grundregel in die neue Verfassung aufgenommen: das Proportionalsystem, das nun auch für die Wahl zum Senat Anwendung fand[140]. Im Zusammenhang damit wurden auch die Regelungen außer Kraft gesetzt, die das Verfassungsgesetz von 1936[141] getroffen hatte. Den Vorsitz im Senat übernahm wieder der Vizepräsident der Republik, wie es bereits die Verfassung von 1934 vorsah. Der Unbeweglichkeit der Gesetzgebung versuchte die Verfassung von 1942 dadurch zu begegnen, daß sie die Zahl der qualifizierten Mehrheiten für die Annahme verschiedener Gesetze verringerte.

b) Der Präsident der Republik konnte nach der Verfassung von 1942 den Ministerrat wieder mit solchen Persönlichkeiten besetzen, die die Unterstützung der Mehrheit des Parlaments und nicht nur die Unterstützung ihrer jeweiligen Fraktion hatten. Dadurch sollte einerseits eine normale Amtsdauer der Minister garantiert werden und zum anderen entfiel damit die Verpflichtung des Präsidenten, Vertreter der Opposition in den Ministerrat aufzunehmen[142].

Vier Minister konnte der Präsident auf jeden Fall aus den Reihen seiner eigenen Partei berufen[143]. Damit verfügte der Präsident bzw. seine Partei über die Mehrheit im Ministerrat. Denn der Präsident saß dem neunköpfigen Gremium mit Sitz und Stimme vor und gab bei Stimmengleichheit den Ausschlag, auch wenn die Stimmengleichheit durch seine Stimme herbeigeführt worden war[144].

c) In Bezug auf das Kräfteverhältnis zwischen der Regierung und dem Parlament sah die neue Verfassung im Gegensatz zur Verfassung von 1934 eine straffere parlamentarische Regelung vor. Der Präsident konnte ein Mißtrauensvotum gegen einen Minister, das das Parlament mit weniger als zwei Dritteln seiner Mitglieder ausgesprochen hatte, zurück-

---

[139] So Artikel 86 der Verfassung von 1934; vgl. auch oben § 4 II 3.

[140] Artikel 86: «Los treinta Senadores serán elegidos por el sistema de la representación proporcional integral.»

[141] Siehe oben § 4 III 3.

[142] Artikel 162: «El Presidente de la República adjudicará los Ministros entre ciudadanos que, por contar con el apoyo parlamentario aseguren su permanencia en el cargo...» Zu den Auseinandersetzungen um diese Vorschrift vgl. *J. Jiménez de Aréchaga*, La Constitución, Bd. 6, S. 14 ff.

[143] «No obstante podrá adjudicar siempre cuatro Ministerios, dentro del lema del Partido que lo elogió.» (Art. 162 Abs. 1 Satz 2).

[144] So Artikel 174.

weisen. Die Mehrheit des Parlaments konnte sich also nicht ohne weiteres über das politische Programm des Ministerrates hinwegsetzen.
Der Präsident, hier weniger Regierungschef als ausgleichendes und ver-
mittelndes Staatsorgan, war nicht an ein solches Votum gebunden und
konnte den betreffenden Minister halten. Wenn die „Asamblea General"
das Mißtrauensvotum aber mit Dreifünftelmehrheit bestätigte, fiel der
Minister. Wenn diese Mehrheit aber nicht erreicht wurde, konnte der
Präsident das Parlament auflösen und Neuwahlen ausschreiben lassen.
In einem solchen Fall, wenn sich das Mißtrauensvotum also nur gegen
einen einzelnen oder mehrere Minister, nicht aber gegen den gesamten
Ministerrat richtete, konnte der Präsident von seinem Auflösungsrecht
aber nur einmal während seiner Amtszeit Gebrauch machen[145].

III. Die politische Wirklichkeit nach 1942

Das parlamentarische System, das der Wortlaut der Verfassung von
1942 geschaffen hatte, kam in der Verfassungswirklichkeit nicht zur Entfaltung. Während der Amtszeit von Präsident *Amézaga* (1934—1947)
erhielt das Regierungssystem der Verfassung von 1942 deutliche Züge
eines Kollegialsystems. Der Ministerrat trat regelmäßig einmal in der
Woche zusammen und es gab keine Angelegenheit von Bedeutung, die
nicht von ihm beraten wurde. Dabei wurde die Meinung der Regierung
durch Mehrheitsbeschluß festgelegt und nicht selten wurde der Präsident, der ja auch nur ein Mitglied des Ministerrates war, bei solchen
Beschlüssen überstimmt[146]. Im übrigen war die Zeit der Regierung
Amézaga eine ruhige Zeit, wenn man von den oft leidenschaftlich geführten Angriffen der Opposition absieht, die nun nicht mehr in der
Regierung vertreten war. Wer die Zeitungen jener Epoche studiert, wird
glauben, daß zu der Zeit, da die Opposition ihre heftigen Angriffe gegen
die Regierung führte, die Minister gleichsam im Parlament ein- und aus-
gingen, um sich den zahlreichen Anfragen und Mißtrauensvoten zu stellen. In der politischen Wirklichkeit sah es aber anders aus. So bediente
sich die Opposition mehr der Presse und der Straße als der von der Verfassung vorgesehenen Mechanismen[147]. Aber nicht immer waren es nur
die Parlamentarier, die den Auftrag der Verfassung von 1942 mißver-

---

[145] Artikel 140: «El Presidente de la República podrá observar el voto
de desaprobación cuando sea pronunciado por menos de dos tercios del
total de la Asamblea General. Si ésta mantuviera su voto por número de
ambas Cámaras, el Presidente podrá disolver las Cámaras... Tratandose de
desaprobación no colectiva, el Presidente no podrá ejercer esa facultad sino
por una sola vez durante el termino de su mandato...»

[146] Vgl. J. *Jiménez de Aréchaga*, 1952, Bd. 1, S. 71.

[147] Ders., a. a. O., S. 72.

standen. Manchmal waren es auch die Minister, die die Verfassung falsch interpretierten und nicht im notwendigen Maße an der Willensbildung der Regierung teilhatten, weil sie sich zu leicht der Persönlichkeit und Autorität des Präsidenten beugten. Dies galt insbesondere für die Regierung *Batlle Berres*[148].

Während man Amézaga (1943—1947) eher als einen neutralen „Colorado" bezeichnen kann, war Batlle Berres ein „hombre de partido" und „Caudillo", ausgestattet mit typischen Führereigenschaften und einem unverkennbaren Drang zur Macht. Batlle Berres sollte dann auch eine entscheidende Rolle innerhalb der Reformbewegungen spielen, die noch während seiner Amtszeit einsetzten.

---

[148] *Luis Batlle Berres*, „Colorado" und Neffe des früheren „Colorado"-Führers *José Batlle y Ordóñez*, übernahm 1947, nach dem Tode des Präsidenten *Berreta*, der dieses Amt nur ein halbes Jahr ausüben konnte, die Staats- und Regierungsführung.

4 Neschen

Zweiter Abschnitt

Das Verfassungssystem von 1952

§ 1: Der Weg zur Reform

Wie die Verfassung von 1934 so stieß auch die Verfassung von 1942 bald auf den heftigen Widerstand verschiedener politischer Gruppen, angeführt vom „Partido Nacional"[1]. Bereits 1946 legten der „Partido Colorado Batllismo"[2] und der „Partido Nacional Independiente"[3], die schon bei der Reform von 1942 zusammengearbeitet hatten, einen Entwurf zur Verfassungsänderung vor. Dieser Entwurf sah eine kollegialistische Regierung vor und brachte weitere Änderungen des Textes von 1942[4]. Dieser wie ein weiterer Entwurf aus dem Jahre 1946[5] fanden aber bei der anschließenden Volksabstimmung nicht die erforderliche Mehrheit[6]. Nach den Wahlen von 1950 stellte sich das Problem einer Verfassungsreform erneut. Die „Blancos" sahen mit besonderem Interesse auf die auf eine Verfassungsänderung hinsteuernde Entwicklung. So wollte man gerade in den Reihen des „Partido Nacional" die Macht des Staatspräsidenten einschränken, zumal nach ihrer Auffassung die Kontrollmittel des Parlaments gegenüber dem Präsidenten unzureichend waren[7]. Die „Blancos" wollten zurück zu einem System politischer Mitverant-

---

[1] Offizielle Bezeichnung der „Blanco"-Partei; zu der Rolle der „Blancos" bei den Reformbestrebungen vor 1952 vgl. *Gros Espiell,* El Partido Nacional y la Reforma de la Constitución, Mondevideo, 1952.

[2] Mehrheitsgruppe der „Colorados", Verfechter der Ideale von José Batlle y Ordóñez.

[3] Diese Gruppe hatte sich von der Mehrheitsfraktion der „Blancos" (unter *Herrera*) gelöst, als diese 1933 den Staatsstreich des Präsidenten *Terra* unterstützten. Während des 2. Weltkrieges war diese Spaltung von der unterschiedlichen außenpolitischen Haltung der beiden Gruppen gekennzeichnet: während die „Blancos Independientes" die Politik der Alliierten unterstützten, verhielt sich die Fraktion Herreras neutral. Vgl. dazu I. E. P. A. L. Uruguay, S. 68.

[4] Vgl. *J. Jiménez de Aréchaga,* La Constitución, Bd. 5, S. 191.

[5] Dieses Projekt war von den „Blancos" und einigen kleineren Parteien eingebracht worden und hatte eine Trennung der Präsidentschafts- und Parlamentswahlen zum Ziel. Vgl. *Gros Espiell,* Esquema, S. 135, FN 2.

[6] Nach Art. 281 B der Verfassung von 1942 bedurfte eine solche Verfassungsänderung der Zustimmung von 35 % der Wahlberechtigten.

[7] Vgl. *Gros Espiell,* Las Constituciones, S. 110.

wortung, also zu einem System, das auch die Mitarbeit der zweitstärksten Partei in der Regierung erlaubte. Eine große Rolle spielte dabei auch die Tatsache, daß die „Colorados" über 86 Jahre lang den Präsidenten gestellt hatten[8]. Auch dies machte den Wunsch der „Blancos" verständlich, ein System ohne Präsident zu schaffen. Andererseits sollte der „Partido Colorado Batllismo", als Sieger der Wahlen von 1950[9], verständlicherweise versuchen, sein kollegialistisches Ideal, seit 1913 eines seiner politischen Hauptziele[10], in die Tat umzusetzen[11].

Auch wenn die „Blancos" immer wieder zu verstehen gegeben hatten, daß eine mehrköpfige oder kollegiale Regierungsspitze nicht ihren Vorstellungen entsprach, so war man sich dennoch bewußt, daß man nur über ein Abkommen mit dem politischen Gegner, den „Colorados", zu einer Änderung der Verfassung von 1942 kommen konnte, sei es selbst über ein Kollegialsystem.

Bei seinem Amtsantritt am 1. März 1951 bekannte sich Präsident *Trueba* (1951—1955) überraschend zu seinen Reformplänen. Damit öffnete er den Weg zu einer umgehenden Verfassungsänderung. Bald nach Beginn der Verhandlungen zwischen dem „Partido Colorado Batllismo" und den „Blancos" war die Grundlage für ein Abkommen[12] geschaffen, das, nach Billigung durch die zuständigen Parteigremien bereits am 31. Juli 1951[13] unterzeichnet wurde. Am 28. August desselben

---

[8] Seit 1865, nach dem Sturz der Regierungen *Berro* und *Aguirre*, als Folge der Revolution von General *Flores*, waren die „Blancos" praktisch von der Regierungsgewalt ausgeschlossen. Vgl. *Pivel Devoto*, Historia, S. 282 ff.

[9] Die „Colorados" erhielten etwa 433 000, die „Blancos" etwa 322 000 Stimmen; vgl. I. E. P. A. L., Uruguay, S. 73.

[10] Vgl. oben Erster Abschnitt § 3 I.

[11] Bei den Wahlen von 1950 deutete nichts darauf hin, daß sich während der kommenden Legislaturperiode auf verfassungsrechtlichem Gebiet eine bedeutende Änderung vollziehen werde. Die Bevölkerung ahnte nicht, daß die Regierung eine Verfassungsänderung beabsichtigte. Und so sehr die Partei des 1950 zum Präsidenten gewählten *Andrés Martínez Trueba* auch immer wieder ihrer Überzeugung Ausdruck verliehen hatte, daß das seinerzeit von *José Batlle y Ordóñez* propagierte Kollegialsystem den Erfordernissen des Landes am ehesten entspreche, die Absicht, die Verfassung zu ändern, kam dennoch überraschend, zumal der Wahlkampf von 1950 nicht mehr von solchen Absichten gezeichnet war als frühere Wahlkämpfe. Vgl. *Couture*, S. 30; *J. Jiménez de Aréchaga*, 1952, Bd. 1, S. 75 f. Der unmittelbare Anlaß für die Verfassungsreform dürfte in den Schwierigkeiten zu sehen sein, die Präsident Trueba 1951 im Zusammenhang mit der Besetzung der Direktorien der Entes Autónomos und Servicios Descentralizados hatte. Vgl. *Gros Espiell*, Esquema, S. 136, FN 4; *Fraga Iribarne*, Vorwort zu *Gros Espiell*, Las Constituciones, S. XXVI, FN 60.

[12] Zur uruguayischen Tradition solcher „pactos políticos" — vom Vertrag zwischen *Rivera* und *Lavalleja* von 1830 über die Verträge von 1851, 1855, 1872 und 1897, die das Prinzip der „coparticipación" begründeten, bis hin zum Abkommen vom 31. Juli 1951 — vgl. *Fraga Iribarne*, a. a. O.

[13] Am 17. August 1951 wurde noch ein Zusatzabkommen unterzeichnet.

Jahres legten die Abgeordneten des „Partido Nacional" (Blancos) und des „Partido Colorado Batllismo" dem Repräsentantenhaus den Entwurf eines Verfassungsgesetzes[14] vor. Dieser Entwurf, der dem am 31. Juli und 17. August 1951 unterzeichneten Parteiabkommen entsprach, war von einer außerparlamentarischen Kommission ausgearbeitet worden, die sich aus Vertretern der beiden o. a. Gruppen zusammensetzte. Der Gesetzentwurf wurde im folgenden von einem Sonderausschuß des Repräsentantenhauses[15] beraten und in vielen Punkten abgeändert. Am 25. September 1951 begannen die Beratungen dieses Entwurfs im Repräsentantenhaus. Hier wurde das Verfassungsgesetz nach zahlreichen Zusätzen schließlich am 10. Oktober 1951 mit 85 gegen 14 Stimmen gebilligt[16]. Anschließend wurde der Entwurf dem Senat vorgelegt, der ihn mit einigen wenigen Änderungen am 26. Oktober desselben Jahres mit 26 gegen 4 Stimmen annahm. Das Repräsentantenhaus beriet dann über die Änderungsvorschläge des Senats und billigte schließlich den endgültigen Verfassungsentwurf mit 74 gegen 6 Stimmen.

Das Verfassungsgesetz wurde mit dem Volksentscheid vom 16. Dezember 1951 ratifiziert[17]. Die neue Verfassung wurde am 25. Januar 1952 vom Präsidenten der „Asamblea General" verkündet und trat noch am selben Tag in Kraft[18].

---

[14] Gemäß Art. 281 D der Verfassung von 1942: «La Constitución podrá ser reformada también por Leyes constitucionales, que requerirán para su sanción los dos tercios del total de componentes de cada una de las Cámaras dentro de una misma Legislatura. Las Leyes constitucionales no podrán ser vetadas por el Poder Ejecutivo y entrarán en vigencia luego que el electorado convocado especialmente en la fecha que la misma ley determine, exprese su conformidad por mayoría absoluta de votos emitidos y serán promulgadas por el Presidente de la Asamblea General.» Hier war die Billigung durch Volksentscheid, anders als in der Verfassung von 1934, notwendige Voraussetzung für das Inkrafttreten der Verfassungsänderung. Vgl. dazu oben Erster Abschnitt § 4 II 4.

[15] Sog „Comisión de los 25".

[16] Gegen den Entwurf stimmten neben einigen unabhängigen „Colorados" die Christlichen Demokraten, die Sozialisten und die Kommunisten, die aber über nicht mehr als insgesamt 8 Abgeordnete verfügten. Vgl. *Manini Ríos*, Sinopsis de la historia constitucional del Uruguay, in Cuadernos de Síntesis, Nr. 2, S. 34, Montevideo, 1967.

[17] Für die Verfassungsänderung wurden 232 076 Stimmen abgegeben, dagegen stimmten 197 684. Von den 1 158 939 Stimmberechtigten hatten sich also nur 429 760 an dem Volksentscheid beteiligt. Gemäß Artikel 281 D der Verfassung von 1942 reichte es aber für die Annahme eines Verfassungsgesetzes, wenn sich die absolute Mehrheit der abgegebenen Stimmen für dieses Gesetz entschied. Dies war hier der Fall, obwohl die „Ja"-Stimmen nur etwa ein Sechstel aller Stimmberechtigten ausmachten. Die Verfassungsänderung kam schließlich nur mit den Stimmen des Landesinnern zustande, nachdem sich die Wähler in Montevideo (74 123 mit „ja", 107 747 mit „nein") bereits gegen eine Verfassungsreform ausgesprochen hatten.

[18] In Übereinstimmung mit Art. 281 D.

§ 2: Das Kollegialsystem von 1952

I. Der „Consejo Nacional de Gobierno"

Im organisatorischen Teil der Verfassung von 1952 ergeben sich die entscheidenden Änderungen beim Aufbau der Exekutive.

Die Regelungen von 1934 und 1942 sahen einen Präsidenten vor (unipersonelles Organ), der gewöhnlich im Einvernehmen mit dem jeweils zuständigen Minister tätig wurde und der dem Ministerrat in Ausnahmefällen vorstand. In diesen Fällen lag die Regierungsgewalt allein beim Ministerrat (kollegiales Organ).

Bei der Dynamik der Verfassung hing es daher in erster Linie von der Einstellung der jeweiligen Regierung ab, ob sich das kollegiale oder das unipersonelle Element durchsetzte[19].

Das Kollegialsystem, das in der komplexen Regierungsform der Verfassungen von 1918, 1934 und 1942 teilweise zur Anwendung kam[20], wurde in der Verfassung von 1952 ein festes Institut[21]. Der Ministerrat wurde abgeschafft und an die Stelle des Staatspräsidenten als Staats- und Regierungschef trat ein Gremium, der „Consejo Nacional de Gobierno", der die Staats- und Regierungsführung übernahm[22].

---

[19] Vor 1943 herrschte das unipersonelle Element vor, während von diesem Zeitpunkt an der Ministerrat stärker in den Vordergrund rückte: dieser trat ab 1943 einmal und ab 1947 zweimal in der Woche zusammen. Vgl. *De la Bandera*, S. 23.

[20] 1918: Staatspräsident und „Consejo Nacional de Administración"; 1934/42: Staatspräsident und Ministerrat.

[21] Die präsidentiell und kollegial gemischte Regierungsform von 1918 ließ in den Augen der Verfassungsväter von 1952 die Gefahren des Präsidentialismus bestehen, vergrößert durch die ständigen Auseinandersetzungen zwischen beiden Organen: «Porque la Constitución de 1918, al establecer un sistema de doble órgano ejecutivo, el Presidente y el Consejo Nacional de Administración, dejó latentes los peligros del presidencialismo, agravados con las posibilidades de rozamiento entre ambos órganos.» Vgl. Bericht der Sonderkommission des Repräsentantenhauses vom 21. 9. 1951, abgedruckt in *Martíns-Gros Espiell*, S. 65.

[22] Artikel 149: «El Poder Ejecutivo será ejercido por el Consejo Nacional de Gobierno.» Die Kollegialisierung der Regierung ist ein klassisches Mittel der uruguayischen Politik, an der im allgemeinen jeder Uruguayer teilhat. Der Batllismus sah bereits vor mehr als 50 Jahren in einer kollegialen Regierungsform die Garantie für eine reibungslose und erfolgreiche Regierungstätigkeit. Er sah hierin auch das geeignete Mittel, persönliche Willkür, Günstlingswirtschaft und die Gefahr einer Diktatur auszuschalten, die mit der Person eines einzelnen Präsidenten verbunden waren; vgl. dazu oben Erster Abschnitt § 3 I. Diese Gefahren sahen vor der Reform von 1952 nicht wenige in der Person des Präsidenten *Batlle Berres* (1947—1951); vgl. oben Erster Abschnitt § 5 III. In den Reihen der „Colorados" wie der „Blancos" war die Absicht unverkennbar, durch eine Änderung der Regierungsform eine Wiederwahl von Batlle Berres zu verhindern. Vgl. I. E. P. A. L. Uruguay, S. 63. Auch die Schöpfer der Verfassung von 1952 sahen in einer Kollegiali-

Die Verfassung von 1952 entschied sich damit für eine Lösung, die die kollegialistische Formel von 1918 erweiterte und ein uneingeschränkt kollegiales System einführte.

1. Zusammensetzung, Wahl und Amtsdauer

Der „Consejo Nacional de Gobierno" setzte sich aus neun Staatsräten zusammen[23]. Diese Zahl entspricht der Zahl der Mitglieder des kollegialen Regierungsorgans der Verfassung von 1918, des „Consejo Nacional de Administración"[24].

Während im „Consejo Nacional de Administración" der Verfassung von 1918 dasjenige Ratsmitglied den Vorsitz ausübte, das bei der jeweiligen letzten Teilerneuerung des Consejos die stärkste Liste der siegreichen Partei anführte[25], wechselte der Vorsitz im „Consejo Nacional de Gobierno" jährlich unter den Vertretern der stärksten Partei in der Reihenfolge, in der sie in der stärksten Liste dieser Partei aufgeführt waren[26].

Die neun Staatsräte wurden ebenso wie die Mitglieder des „Consejo Nacional de Administración" direkt vom Volk gewählt, sie verfügten

---

sierung die Garantie für ein ideales Regierungssystem: «...De ahí que señalamos como conquista fundamental de esta reforma, esta que organiza el ejecutivo colegiado. Se ofrece así a la ciudadanía las máximas garantías de orden, de seriedad en el gobierno, de continuidad en la gestión pública, de respecto del derecho...» Vgl. Bericht der Sonderkommission, a. a. O. Mit dieser Regelung nahm die Verfassung auch zu einem anderen heftig diskutierten Problem Stellung: Ob die Minister Mitglieder der Regierung oder bloße Staatssekretäre sind. Während die Verfassungen von 1934 und 1942 diese Frage offenließen, entschied sich die Verfassung von 1952 für die zweite Möglichkeit, nach der die Regierungsgewalt allein von einem Kollegium ausgeübt wurde dem die Minister nicht angehörten. Vgl. J. Jiménez de Aréchaga, 1952, Bd. 3, S. 14 ff.

[23] Artikel 150: «El Consejo Nacional de Gobierno estará integrado por nueve miembros elegidos directamente por el pueblo, conjuntamente con doble número de suplentes, por el término de cuatro años...» Nach dem Bericht der Sonderkommission, a. a. O., konnte sich der uruguayische Wähler bei der Wahl eines einzelnen Präsidenten in dessen Person und Fähigkeiten leicht irren, nicht aber bei der Wahl eines neunköpfigen Gremiums: «...Podrá ser facil equivocarse en la elección de un hombre; podrá ser siempre posible cometer errores en cuanto a la capacidad, o a las orientaciones cívicas de un ciudadano electo Presidente de la República; pero resultará muy dificil, por no decir imposible, equivocarse en la elección de los nueve ciudadanos integrantes del Consejo Nacional de Gobierno.»

[24] Vgl. oben Erster Abschnitt § 3 II.

[25] Artikel 84 der Verfassung von 1918.

[26] Artikel 158: «La Presidencia del Consejo Nacional de Gobierno será rotativa, por períodos anuales, entre los miembros electos bajo el lema que haya obtenido la mayoría y por orden de su colocación en la lista respectiva...»

also über eine weitgehende Legitimierung durch das Volk, was ihre Stellung erheblich stärkte. Zugleich mit den Staatsräten wurde auch eine doppelte Anzahl von Vertretern gewählt. Über diese Vertreter der Staatsräte sagte die Verfassung nichts mehr aus. Die Parteien konnten das System für Wahl und Einsetzung dieser Vertreter selbst bestimmen[27].

Die neun Staatsräte blieben vier Jahre im Amt. Dieser Zeitraum ist, was die Amtsdauer der Staats- und Regierungsspitze betrifft, für Uruguay traditionell, denn auch die Verfassungen von 1830, 1918, 1934 und 1942 sahen eine vierjährige Amtszeit für den uruguayischen Staatspräsidenten vor[28].

Anders als beim „Consejo Nacional de Administración" wurde der „Consejo de Gobierno" alle vier Jahre völlig erneuert. Die neun Staatsräte traten zu gleicher Zeit ihr Amt an und schieden zu gleicher Zeit aus dem Amt aus. Innerhalb des Staatsrates der Verfassung von 1952 gab es also keinen erhaltenden Faktor wie beim Verwaltungsrat der Verfassung von 1918[29].

2. Sitzverteilung

Die Verteilung der Staatsratssitze regelte Artikel 151[30], der in der Verfassung von 1952 wie eine Arabeske wirkt. Man ist gehalten, den Text dieser Vorschrift Wort für Wort zu verfolgen, will man nicht Gefahr laufen, den Faden zu verlieren.

---

[27] So kam es durchaus vor, daß ein Staatsrat aus irgendwelchen Gründen zurücktrat und seinen Sitz einem seiner gewählten Vertreter überließ. Genau genommen lag die Staats- und Regierungsgewalt also nicht nur in den Händen von 9 Staatsräten, sondern von 27, die sich nach ihrem Gutdünken oder dem ihrer Parteien in der Staats- und Regierungsführung abwechseln konnten, ohne daß die Verfassung ihnen in dieser Hinsicht irgendeine Beschränkung auferlegte.

[28] Bereits bei der Ausarbeitung der Verfassung von 1952 hatte man Bedenken, ob dieser Zeitraum nicht zu kurz bemessen sei. Aber erst 1967 brach die uruguayische Verfassung mit dieser Tradition und verlängerte die Amtszeit auf 5 Jahre.

[29] Die Mitglieder des „Consejo Nacional de Administración" wurden in Abständen von 2 Jahren teilweise erneuert; vgl. Art. 85 der Verfassung von 1918 und oben Erster Abschnitt § 3 II.

[30] «Corresponderán al lema más votado seis cargos de Consejeros y tres al que siga en número de votos. Los seis cargos de la mayoría se adjudicarán a la lista más votada dentro del lema. Pero en el caso de que dentro del lema de la mayoría, otra lista, diferenciada por un sub-lema propio y permanente, distinto al de la lista que obtuvo la mayoría y cuyo uso no dependa de la autoridad administradora del lema respectivo, o por uno de los lemas a que alude el artículo 79, supere la sexta parte de los votos emitidos por el lema, o por la acumulación de lemas en el caso del artículo 79, se adjudicará cinco de los cargos de la mayoría a la lista más votada, y uno a la que le siga en

Nach dieser Vorschrift erhielt die siegreiche Partei auf jeden Fall 6 der 9 Staatsratssitze, während auf die zweitstärkste Partei auf jeden Fall 3 Sitze entfielen, ganz gleich, wie das Stimmenverhältnis zwischen diesen Parteien im einzelnen aussah[31].

Wenn also z. B. die Partei A mit 500 000 die meisten und die Partei B mit 50 000 die zweitmeisten Stimmen auf sich vereinigen konnten, entfielen auf die Partei A sechs und auf die Partei B drei Staatsratssitze. Ebenso hätte die Sitzverteilung aber auch ausgesehen, wenn die Partei A nur 275 000 und die Partei B 274 999 Stimmen erhalten hätte.

Die Verteilung der Staatsratssitze erfolgte also nach einer Art Mehrheitswahlsystem: Wer die meisten Stimmen erhielt, bekam die Regierungsgewalt übertragen, nämlich sechs der neun Staatsratssitze. Die drei restlichen Staatsräte — eine Art Opposition in der Regierung[32] — stellte die zweitstärkste Partei. Die politische Wirklichkeit ließ die Problematik dieser Regelung in einem ganz anderen Licht erscheinen: Die sechs Sitze der siegreichen Partei entfielen auf die Liste, die innerhalb dieser Partei die meisten Stimmen erhalten hatte. Wenn — in Fortführung des oben gewählten Beispiels — die 275 000 Stimmen der Partei A sich wie folgt verteilten: Liste 1 180 000, Liste 2 40 000, Liste 3 35 000 und Liste 4 20 000 Stimmen, so standen sechs Staatsratssitze der Liste 1 zu, während die Partei B, selbst wenn sie nur unter einer Liste aufgetreten wäre, mit ihren 274 999 Stimmen immer nur Anspruch auf drei Sitze hatte.

Dieser Verteilungsmodus ließ sich nur so erklären: Der Verfassungsgeber ging von Parteien aus, die eine wirklich politische Einheit bildeten.

Im oben gewählten Beispiel wurden der Liste 1 die sechs Staatsratssitze zugesprochen, weil diese Liste innerhalb der stärksten Partei die meisten Stimmen erhalten hatte. Die Wähler gaben also innerhalb der

---

número de votos y llene las demás condiciones establecidas en este inciso. Los tres cargos correspondientes a la minoría se distribuirán proporcionalmente entre todas listas que concurran bajo el lema respectivo o bajo los lemas a que se refiere el inciso segundo del artículo 79 . . .»

[31] Diese Regelung entspricht der Formel, die bereits die politische Grundlage für die uruguayischen Verfassungen ab 1918 bildete und über die Zusammensetzung des „Consejo Nacional de Administración" (Art. 82 der Verfassung von 1918), über die originelle Zusammensetzung des Senats („medio y medio"; Art. 86 der Verfassung von 1934) bis hin zur parteigebundenen Verteilung der Ministerien (Art. 163 der Verfassung von 1934) die Mitbeteiligung der beiden großen Parteien bezweckte.

[32] Vgl. *Kraske*, Das kollegiale Staatshaupt in der Verfassung der Republik Uruguay vom 26. Oktober 1951, in Zeitschrift für ausländisches öffentliches Recht und Völkerrecht, Bd. 15, 1953/54, S. 261, der nicht die Unterscheidung zwischen „lema" und „lista" trifft und übersieht, daß die drei Sitze der Minderheit immer auf die „Oppositionspartei" entfallen.

siegreichen Partei den Kandidaten dieser Liste den Vorzug. Dem politischen Programm dieser Kandidaten hatten aber auch die Wähler ihre Stimme gegeben, die sich für die anderen Listen derselben Partei entschieden hatten[33].

Die Verfassung ging also davon aus, daß zwischen den verschiedenen Fraktionen, die zu einer Partei („lema") zusammengeschlossen waren, auf Grund eines einheitlichen Programms ein echter politischer Zusammenhang bestand. Nach ihrer Auffassung bildete also die Partei A eine Einheit und auf diese Partei sind eben mit 275 000 Stimmen mehr Stimmen entfallen als auf die Partei B, die nur 274 999 Stimmen erhielt. Die Hervorhebung der stärksten Liste der siegreichen Partei könnte ihren Grund dann in einer Art parteiinternen Auswahl gehabt haben, die bereits auf Verfassungsebene geregelt war. Vom Verfassungswortlaut her wäre diese Deutung möglich.

In der politischen Wirklichkeit sah und sieht es dagegen anders aus. Von einer echten Aktionseinheit der verschiedenen Gruppen einer Partei ist bis heute kaum etwas zu spüren. Aber selbst wenn die uruguayischen Parteien solche Einheiten bildeten, erschiene es unverständlich, die gesamte Vertretung einer Partei im Staatsrat einer einzigen Liste dieser Partei zuzusprechen. Eine proportionale Verteilung der Staatsratssitze auf die verschiedenen Listen der stärksten Partei wäre verständlicher gewesen.

Der tiefere Grund für die Regelung des Artikels 151 dürfte vielmehr darin zu sehen sein, daß bereits der Verfassungsgeber sah, daß zwischen den verschiedenen Strömungen der beiden großen Parteien wenig Zusammenhang bestand[34] und daß sechs Staatsräte, die sich proportional

---

[33] Das in Artikel 151 zum Ausdruck kommende Wahlsystem ist ein Fall des „doble voto simultáneo"-Systems, das das uruguayische Verfassungsrecht bereits seit 1918 kennt (Art. 71: «El Presidente de la República será elegido directamente por el pueblo, a mayoria simple de votantes, mediante el sistema del doble voto simultáneo...»). Auch der neunköpfige „Consejo Nacional de Administración" wurde „mediante el sistema del doble voto simultáneo" (Art. 82) gewählt. Dieses System gibt dem Wähler die Möglichkeit, in einem Wahlakt für zwei Dinge zu stimmen, einmal für eine Partei und zum anderen für bestimmte Kandidaten. Vgl. hierzu insbesondere *J. Jiménez de Aréchaga*, 1952, Bd. 1, S. 78 f. Dieses System entspricht nicht dem geltenden Wahlsystem in der Bundesrepublik, das dem Wähler zwei Stimmen gibt. Der Unterschied liegt darin, daß der deutsche Wähler seine Erststimme z. B. der CDU und seine Zweitstimme einem Kandidaten der SPD geben kann, während das „doppelte Stimmrecht" des uruguayischen Wählers darin besteht, daß er seine Stimme zugleich für eine Partei im allgemeinen und für eine Liste dieser Partei im besonderen abgibt.
[34] «La necesidad de que en el órgano ejecutivo de mayor importancia exista una mayoría coherente y de evitar que la posibilidad de coaliciones accidentales fundadas en la discordia de fracciones de un mismo partido determine el desorden de la función de gobierno, lleva a atribuir...» Vgl. Bericht der Sonderkommission des uruguayischen Repräsentantenhauses vom 21. 9. 1951, a. a. O., S. 194.

auf die verschiedenen Listen einer Partei verteilen würden, alles andere als eine politische Aktionseinheit bilden konnten[35].

Die Verfassungsväter selbst sahen also, daß ein echter politischer Zusammenhang innerhalb der großen Parteien nicht bestand und daß die „lemas" in Wirklichkeit nur als Etikette dienten, um unterschiedliche politische Programme innerhalb eines „lema" zu verdecken und um den Parteien so den Anstrich politischer Einheit und Eintracht zu geben. Als einzige mögliche Rechtfertigung blieb damit das Bedürfnis, die politische Einheit der Parteien wenigstens künstlich aufrechtzuerhalten, um so dem Land eine gewisse politische Stabilität zu garantieren und um zugleich zu verhindern, daß andere — nicht traditionelle — politische Kräfte entscheidend in das politische Geschehen eingriffen[36].

Die Wahlergebnisse der letzten Jahrzehnte scheinen zumindest den Erfolg dieser künstlichen Stabilisierung zu bestätigen. So konnten die beiden großen Parteien bis zu den Wahlen von 1966 regelmäßig etwa 90 % der abgegebenen Stimmen auf sich vereinigen, während die ideologischen und doktrinären Parteien neuen Typs (Sozialisten, Kommunisten und Christliche Demokraten) in Uruguay wenig Chancen hatten und sich in die restlichen 10 % teilen mußten[37]. Erst die Wahlen von 1971 veränderten dieses Bild[38].

---

[35] Vgl. Bericht der Sonderkommission, a. a. O., S. 59: «... la reforma persigue un ideal de renovación política que asegure a las grandes mayorías la gravitación, referida a función y responsabilidad, que precisamente les acuerda su carácter de mayorías. No precisamente, porque constituyen dos partidos, pese a que se reconozca con *Nézard* que la multiplicación de los partidos desacredita el régimen parlamentario y compromete su funcionamiento normal que supone la rotación en el Poder de dos grandes partidos. No simplemente por ello, aunque se afirme el concepto de que el sistema de dos partidos garantiza la estabilidad del gobierno...» und Seite 61:«... La necesidad de reforzar la cohesión de los grandes partidos políticos, haciendo cada vez más orgánica su estructura, justifica estas reformas...» Vgl. hierzu auch *J. Jiménez de Aréchaga*, 1952, Bd. 2, S. 165.

[36] Vgl. I. E. P. A. L., Uruguay, S. 78 f.; *Gros Espiell*, Las Constituciones, S. 115; ders., Esquema, S. 141; *Puhle*, S. 55.

[37] Uruguayische Wahlergebnisse (in tausend) bis 1966:

	1950	1954	1958	1962	1966
P. Colorado	433	444	378	521	608
P. Nacional	322	342	499	545	491
P. Comunista	19	20	27	41	70
Unión Cívica	36	44	37	36	41
P. Socialista	17	29	35	27	14

Seit 1962 traten die Kommunisten unter dem „lema" „Frente Izquierda de Liberación" (F. I. D. E. L.) auf. Die alte „Unión Cívica" erschien 1962 als „Partido Demócrata-Cristiano" (P. D. C.), von der sich 1966 der „Movimiento Cívico Cristiano" (M. C. C.) abspaltete. Die Sozialisten traten 1962 unter dem „lema" „Unión Popular" auf, der 1966 wieder selbständig neben den Sozialisten an den Wahlen teilnahm. Vgl. I. E. P. A. L., Uruguay, S. 73.

[38] Aus den Wahlen vom 28. November 1971, bei denen die Christlichen Demokraten, die Kommunisten, die Sozialisten und linke Splittergruppen

Daß Artikel 151 der Verfassung von 1952 nicht arm an Besonderheiten war, zeigt auch die Regelung, nach der die zweitstärkste Liste der siegreichen Partei dann Anspruch auf einen der sechs Sitze im Staatsrat hatte, wenn diese Liste wenigstens ein Sechstel der auf die siegreiche Partei entfallenen Stimmen erhalten hatte. Wenn die Liste 2 — in Fortführung des oben gewählten Beispiels — also 50 000 Stimmen erhalten hatte, und damit mehr als ein Sechstel aller für die Partei A abgegebenen Stimmen, dann hatte diese Liste Anspruch auf einen der sechs Staatsratssitze, die der Partei A auf Grund des Wahlsieges zugefallen waren. In diesem Fall konnte die Liste 1 statt sechs nur fünf Staatsräte stellen.

Einerseits durften die Wählerstimmen nur nach „lemas"[39] und nicht nach „sublemas" ausgezählt werden[40], weil der Verfassungsgeber damit die Einheit der Parteien gewährleistet sah[41], andererseits erfolgte die Sitzverteilung für den „Consejo Nacional de Gobierno" nach „listas"[42], wobei die Verfassung ausdrücklich mehrere Listen innerhalb einer Partei zuließ, indem sie der zweitstärksten Liste unter gewissen Voraussetzungen einen Sitz im Staatsrat zubilligte. Hier sahen die Verfassungsgeber die politische Einheit gewährleistet, dort nicht. Damit zwang die Verfassung die „sublemas", die seit den „lema"-Gesetzen von 1934 und 1939[43] innerhalb eines „lema" unter einer eigenen Bezeichnung an den Wahlen teilnehmen können, bei den Wahlen zum Staatsrat mit einer einzigen Liste aufzutreten, um so die Chancen dieser Gruppen zu wahren.

Dieser Regelung könnte man kaum einen Sinn abgewinnen, wenn man in ihr nicht ein willkürliches Instrument zur Aufrechterhaltung vermeintlicher Einheit innerhalb der Mehrheitsgruppen der beiden großen Parteien sehen könnte[44].

---

ein Linksbündnis eingegangen waren, ging diese Gruppe als „Frente Amplio" (Breite Front) zum ersten Mal erheblich gestärkt hervor. Nach dem von der Corte Electoral erst am 15. Februar 1972 bekanntgegebenen amtlichen Wahlergebnis entfielen auf:

P. Colorado	681 624 Stimmen
P. Blanco	668 822 Stimmen
Frente Amplio	304 275 Stimmen

[39] Siehe oben FN 30.
[40] Artikel 150 Satz 2: «Para la elección de Consejeros Nacionales, se acumularán los votos por lemas, quedando prohibida la acumulación por sublemas.»
[41] «...la acumulación por sublemas puede prestarse a combinaciones artificiales, no previstas por el elector procurándose, además, un pronunciamiento directo para que los miembros de la autoridad pública de mayor importancia tengan un respaldo auténtico, indiscutido, de la opinión pública.» Vgl. Bericht der Sonderkommission, a. a. O., S. 193.
[42] Vgl. Artikel 151, oben FN 30.
[43] Vgl. oben Erster Abschnitt § 4 III 2.
[44] Vgl. J. Jiménez de Aréchaga, 1952, Bd. 2, S. 167.

Während die Staatsratssitze der siegreichen Partei sich grundsätzlich auf eine einzige Liste dieser Partei verteilten, erfolgte die Verteilung der drei Sitze der zweitstärksten Partei nach dem Proportionalsystem[45]. Alle anderen Parteien — mit Ausnahme also der „Blancos" und „Colorados" — blieben damit vom Staatsrat ausgeschlossen.

Die Verfassung von 1952 gab dem Gesetzgeber die Möglichkeit, das Proportionalsystem auch bei der Verteilung der sechs Staatsratssitze der stärksten Partei anzuwenden[46]. Die sechs Sitze der Mehrheit wären dann also nicht nur von der stärksten Liste — oder den beiden stärksten Listen — der Mehrheitspartei gestellt worden, sondern sie hätten sich proportional über alle Listen der siegreichen Partei verteilt. Diese Regelung sollte eine Art Notvorschrift sein für den Fall „schwerer Auseinandersetzungen" innerhalb der beiden großen Parteien[47]. Obwohl „Blancos" wie „Colorados" sich gerade nach 1952 immer mehr spalteten, kam diese Vorschrift nie zur Anwendung.

3. Wiederwahl

Die Mitglieder des „Consejo Nacional de Gobierno" konnten nur wiedergewählt werden, wenn sie eine Wahlperiode ausgesetzt hatten. Das Gleiche galt für die Vertreter der Staatsräte, soweit sie diese für mehr als ein Jahr vertreten hatten[48].

Die Absicht, die der Verfassungsgeber mit dieser Regelung verfolgte, ist klar: Die „Consejeros" standen an der Spitze von Staat und Regierung, befehligten Polizei und Militär und verfügten so über einen nicht zu unterschätzenden Machtapparat. So sahen die Verfassungsväter dann eine gewisse Gefahr als gegeben an, wenn diejenigen, die zur Wahlzeit die führenden Staats- und Regierungsämter bekleideten, sofort wiedergewählt werden konnten[49].

---

[45] Artikel 151 Absatz 3; vgl. oben FN 30; mit welcher Begründung der Verfassungsgeber hier (bei der Verteilung der drei Sitze der Minderheit) das Proportionalsystem und dort (bei der Verteilung der sechs Mehrheitssitze) ein anderes, kompliziertes System zur Anwendung kommen ließ, ist nicht ersichtlich.
[46] Artikel 151 Absatz 4: «La Ley, por dos tercios de votos del total de componentes de cada Cámara, podrá establecer el sistema de la representación proporcional para los cargos de la mayoría entre las listas del lema...»
[47] Vgl. *J. Jiménez de Aréchaga*, 1952, Bd. 2, S. 171.
[48] Artikel 153: «Los Consejeros Nacionales no podrán ser reelectos sin que medie un período entre su cese y la fecha en que deban tomar nuevamente posesión de sus cargos. Se considerán incluídos en esa prohibición los suplentes que hayan ejercido funciones de reemplazo de los titulares, por más de un año, continuo o descontinuo.»
[49] Vgl. Bericht der Sonderkommission, a. a. O., S. 195: «... Está demás señalar los fundamentos de esta prohibición, que es tradicional en nuestro

Andererseits brachte diese Regelung für die politische Praxis Uruguays erhebliche Schwierigkeiten mit sich, da es galt, alle vier Jahre neun neue und möglichst fähige Staatsräte zu wählen; für ein so kleines Land wie Uruguay sicher keine leichte Aufgabe, zumal sich der vierjährige Wechsel auch auf die Besetzung der verschiedenen Ministerien auswirkte.

4. Eine gefährliche zentralistische Formel

„Wenn die neuen Staatsräte in dem Zeitpunkt, zu dem der ‚Consejo Nacional de Gobierno' die Regierungsgeschäfte aufnehmen soll, noch nicht ernannt sind, übernimmt der Oberste Gerichtshof vorübergehend die Funktionen des Staatsrates[50]."

Hier haben wir eine der „Schönheiten"[51] der Verfassung von 1952. Bei der Begründung dieser Vorschrift verwies die „Kommission der 25"[52] auf die Verfassung von 1942[53], die bestimmte, daß für den Fall, daß der neugewählte Staatspräsident sein Amt nicht zum vorgesehenen Zeitpunkt antreten konnte, der Präsident des Obersten Gerichtshofes bis zur endgültigen Übernahme durch den neuen Staatspräsidenten an dessen Stelle trat. Der Bericht jener Kommission fügt dem Verweis auf die Verfassung von 1942 hinzu: „Wenn die Verfassung von 1952 anstelle eines Präsidenten ein Kollegium an die Spitze der Regierung stellt, ist es einleuchtend, daß nun der Oberste Gerichtshof als Ganzes den Staatsrat vertreten muß[54]."

Die Verfassungsväter von 1952 übersahen bei ihrem Verweis auf die Verfassung von 1942 die Vorschrift derselben Verfassung[55], nach der der Präsident des Obersten Gerichtshofes für den Fall, daß er die Funk-

---

país, y que encarna una sana practica democrática.» Neben dem Gedanken einer möglichst freien Wahl kommt in dieser Regelung die in Uruguay besonders ausgeprägte Abneigung gegen die sonst in Lateinamerika nicht eben seltenen „Caudillos" zum Ausdruck.

[50] So Artikel 155: «Si en la fecha en que deba asumir sus funciones el Consejo Nacional de Gobierno, no estuvieran proclamados aún los nuevos Consejeros Nacionales que deban integrarlo, la Suprema Corte de Justicia desempeñará provisoriamente y mientras tanto, aquellas funciones.»

[51] So J. Jiménez de Aréchaga, 1952, Bd. 2, S. 175.

[52] «Comisión Especial de Reforma Constitucional de la Cámara de Representantes», die 25 Mitglieder hatte.

[53] Artikel 150 Absatz 3 der Verfassung von 1942.

[54] «...Dado el sistema de gobierno pluripersonal que proyectamos, es obvio que ahora debe corresponder la función temporaria, no al Presidente del Cuerpo, sino al órgano judicial en pleno.» Vgl. Bericht der Sonderkommission, a. a. O., S. 197.

[55] Artikel 154 der Verfassung von 1942: «...quedando entretanto suspendido de sus funciones judiciales.»

tionen des Staatspräsidenten wahrzunehmen hatte, von seinen Aufgaben als Präsident des Obersten Gerichtshofes entbunden war. Eine solche Klausel enthielt die Verfassung von 1952 nicht.

So war in die im übrigen moderne demokratische und sozialstaatliche Verfassung das Ideal des montesquieuschen Despotismus[56] gelangt: Ein Organ sollte zugleich „colegislador"[57], oberster Richter und oberste Verwaltungsbehörde sein.

Auch wenn die Verfassungspraxis diesen Fall nie kennengelernt hat, muß allein vom Verfassungswortlaut davon ausgegangen werden, daß der Oberste Gerichtshof im Falle des Artikels 155 im vollen Besitz seiner richterlichen Macht geblieben wäre.

II. Das Kollegialsystem in den Departements[58]

Die Verfassungsreform von 1952 erfaßte auch das Regierungs- und Verwaltungssystem in den uruguayischen Departements. Das seit 1934 geltende System, das einen „Intendenten" an der Spitze einer jeden Departementsregierung sah, wurde durch ein System ersetzt, das die Regierungsgewalt jeweils einem „Concejo Departamental" übertrug, während die Gesetzgebung weiterhin bei den „Juntas Departamentales" lag[59]. Die direkt vom Volk auf vier Jahre gewählten „Concejos Departamentales"[60] setzten sich — wie der „Consejo Nacional de Gobierno" — aus den beiden führenden Parteien zusammen. Der „Concejo Departamental" des Departements Montevideo hatte sieben Mitglieder[61], von denen vier auf die stärkste und drei auf die zweitstärkste Partei entfielen. Die vier Vertreter der stärksten Partei stellte auch hier — wie auf nationaler Ebene — die stärkste Liste dieser Partei, während die

---

[56] Vgl. *Prélot*, S. 127.

[57] Vgl. Art. 133 u. Art. 136—140, wo die Verfassung von 1952 der Regierung nicht nur ein Recht zur Gesetzesinitiative, sondern auch eine nicht unerhebliche Kontrollfunktion bei der Gesetzgebung einräumte.

[58] Die „República Oriental del Uruguay" besteht aus 19 Departements: Artigas, Canelones, Cerro Largo, Colonia, Durazno, Flores, Florida, Lavalleja, Maldonado, Mondevideo, Paysandú, Rio Negro, Rivera, Rocha, Salto, San José, Soriano, Tacuarembó und Treinta y Tres.

[59] Artikel 262: «El gobierno y la administración de los departamentos... serán ejercidos por una Junta y un Concejo Departamentales...» Artikel 273: «La Junta Departamental ejercerá las funciones legislativas y de contralor en el Gobierno Departamental...» Artikel 274: «Corresponde al Concejo Departamental la función ejecutiva en el Gobierno Departamental...»

[60] Artikel 268: «Los Concejales durarán cuatro años en sus funciones y podrán ser reelectos por una sola vez...» Artikel 270: «...los Concejales Departamentales serán elegidos directamente por el pueblo...»

[61] Artikel 266: «Los Concejos Departamentales se compondrán de siete miembros en el Departamento de Montevideo y de cinco en los demás Departamentos.»

drei Vertreter der zweitstärksten Partei — anders als auf nationaler
Ebene — sich nicht proportional auf die Listen dieser Partei verteilten,
sondern ebenfalls der stärksten Liste dieser Partei zustanden. Die „Concejos Departamentales" in den übrigen Departements setzten sich aus
je fünf Mitgliedern zusammen, von denen drei auf die stärkste und
zwei auf die zweitstärkste Partei entfielen. Anders als bei der Regelung
für das Departement Montevideo verteilten sich die Sitze der stärksten
wie der zweitstärksten Partei proportional auf alle Listen dieser Parteien[62].

III. Kollegialismus und Antikollegialismus

Die mit der Verfassungsreform von 1952 vollzogene völlige Kollegialisierung der uruguayischen Staats- und Regierungsspitze ließ die Diskussion um das Für und Wider eines Kollegialsystems wiederaufleben,
obwohl die Front der Befürworter eines kollegialen Regierungssystems
inzwischen breiter geworden war[63].

1. Kollegialsystem und „Coparticipación"[64]

Zu den Befürwortern einer Kollegialisierung der Staats- und Regierungsspitze zählten sich insbesondere die Gegner des Systems einer Ein-
Partei-Regierung, die das System der Mitbeteiligung („Coparticipación")

---

[62] Artikel 271: «... Corresponderán al lema ... más votado, cuatro cargos
en el Departamento de Montevideo y tres en los demás Departamentos; y tres
cargos y dos, respectivamente, al lema ... que le siga en número de votos. En
el Departamento de Montevideo se adjudicarán los cargos correspondientes
a cada lema ..., a la lista más votada dentro del mismo. En los demás Departamentos, los cargos correspondientes a cada lema ..., se adjudicarán entre
todas sus listas proporcionalmente al caudal electoral de cada una.»
[63] Neben den eigentlichen Initiatoren der Verfassungsreform von 1952 —
dem „Partido Colorado Batllismo" und dem „Partido Nacional Herrerista" —
hatten sich während der parlamentarischen Beratungen weitere politische
Gruppen für eine gewisse Kollegialisierung ausgesprochen: die Sozialisten,
die bereits im Jahre 1910 mit einem kollegialistischen Entwurf an die Öffentlichkeit getreten waren (vgl. oben Erster Abschnitt FN 69); die „Unión Cívica"
(der spätere „Partido Demócrata-Christiano"), die damit ihre antikollegialistischen Aktionen von 1912 vergessen machen wollten; und wohl auch der
„Partido Nacional Independiente"; vgl. J. Jiménez de Aréchaga, 1952, Bd. 2,
S. 135. Die Sozialisten wie auch die „Unión Cívica" stimmten dennoch gegen
den der Verfassung von 1952 zugrunde liegenden Entwurf. Vgl. oben FN 16.
[64] Der Ursprung dessen, was im uruguayischen Verfassungsrecht mit „política de coparticipación" bezeichnet wird, dürfte im sog. „April-Frieden" von
1872 zu sehen sein. Nach diesem Frieden, der die oft blutigen Auseinandersetzungen zwischen den beiden großen politischen Parteien beendete, wurden immer wieder Minister und andere führende Politiker aus den Reihen
der zweitstärksten Partei auch dann ernannt, wenn es der Verfassungswortlaut nicht zwingend vorschrieb. Vgl. Sanguinetti-Pacheco Seré, S. 173.

für das einzig richtige hielten[65]. Dabei darf aber nicht übersehen werden, daß „Kollegialisierung" und die Beteiligung mehrerer Parteien an der Regierungsverantwortung („Coparticipación") keineswegs als gleichbedeutend anzusehen sind. So sind Formen denkbar, in denen die Sitze innerhalb einer kollegialen Staats- und Regierungsspitze von Vertretern einer einzigen Partei besetzt sind. Damit verlöre diese Regierung ihren kollegialen Charakter nicht. Ein Beispiel bildet hier das uruguayische Kollegialsystem von 1952, das, so sehr es auch eine Zusammensetzung des „Consejo Nacional de Gobierno" aus Mitgliedern mehrerer Gruppen vorsah, deutliche Züge eines Ein-Parti-Systems aufwies[66].

Der Begriff „Coparticipación" kann in doppelter Hinsicht interpretiert werden[67]:

a) „Coparticipación" kann einmal allgemein bedeuten, daß die Zusammensetzung des betreffenden Organs in der Weise erfolgt, daß nicht alle in Frage stehenden Ämter von Mitgliedern einer einzigen Partei besetzt werden können;

b) „Coparticipación" kann aber auch die politische Zusammenarbeit verschiedener politischer Kräfte bedeuten, die sich so verpflichtet sehen, ständig an der Regierungsverantwortung mitzuwirken[68].

Diejenigen, die die Zusammenarbeit im ersteren Sinne anstrebten, glaubten die Vorteile dieses Systems der „Coparticipación" darin be-

---

[65] Einige der Autoren der Verfassungsreform vertraten die Auffassung, daß mit der Kollegialisierung ein System geschaffen werden sollte, in dem die beiden großen Parteien unter gemeinsamer Verantwortung an der Regierungsgewalt teilnehmen sollten (vgl. oben FN 35). Andere vertraten die gegenteilige Ansicht, so die Tageszeitung „El Día", die damals stellvertretend für einen großen Teil des „Partido Colorado" war. Dieses Organ veröffentlichte während des Wahlkampfes, der der Volksabstimmung über die Verfassungsreform von 1952 vorausging, am 15. Oktober 1951 einen Artikel, in dem diese Ansicht deutlich zum Ausdruck kam. Dabei zitierte „El Día" einige Passagen aus Reden, die José Batlle y Ordóñez bereits in dieser Richtung gehalten hatte; es hieß dort u. a.: „Das Wort ‚Coparticipación' hat allein historische Bedeutung. Die Politik der ‚Coparticipación' schließt die allein von einer Partei getragene Politik aus. Die Tatsache, daß die Minderheit kraft verfassungsrechtlicher Bestimmungen im ‚Consejo Nacional' (Batlle y Ordóñez bezog sich hier auf den ‚Consejo Nacional de Administración' der Verfassung von 1918; der Verf.) vertreten ist, bedeutet nicht, daß wir es mit einer Politik der ‚Coparticipación' zu tun haben ... Wenn allein die Tatsache, daß die Minderheit im ‚Consejo Nacional' vertreten ist, politische ‚Coparticipación' bedeutete, dann würde diese ‚Coparticipación' bereits von dem Augenblick an bestanden haben, in dem die Minderheiten auf parlamentarischer Ebene vertreten waren. Die Politik der ‚Coparticipación' bedeutete nie die Erfüllung des Gesetzes, sondern sie war immer das Ergebnis von politischen Absprachen, die — am Rande der Verfassung — nur darauf gerichtet waren, den Beteiligten mit guten Posten ein gutes Leben zu verschaffen ..."
[66] Die siegreiche Partei verfügte über sechs der neun Staatsratssitze.
[67] Vgl. dazu auch oben Erster Abschnitt FN 39.
[68] Vgl. J. Jiménez de Aréchaga, 1952, Bd. 2, S. 147.

gründet zu sehen, daß die Gegenwart von Vertretern einer oder mehrerer Minderheitsparteien auf Regierungsebene eine ständige Überwachung und Kontrolle der Regierung möglich mache und daß die Minderheit, wenn es erforderlich sein sollte, aktiv an der Regierungsverantwortung teilhaben könne[69].

Diejenigen, die „Coparticipación" im zweiten Sinne verstanden, hielten eine ständige Beteiligung aller politischen Kräfte an der Regierung
deshalb für erforderlich, weil so die verschiedenen politischen Auffassungen innerhalb der öffentlichen Meinung des Landes auf möglichst
demokratische Weise auch auf Regierungsebene zum Tragen kämen[70].

Das Verfassungssystem von 1952 verstand „Coparticipación" im ersteren Sinne[71]. Danach konnte eine einzelne Partei — unabhängig vom Ausgang der Wahlen — nicht alle Staatsratssitze für sich beanspruchen.
Nach dem Willen der Verfassung[72] sollte die zweitstärkste Partei auf
jeden Fall im „Consejo Nacional de Gobierno" vertreten sein. Da der
Staatsrat seine Beschlüsse aber mit Mehrheit zu fassen hatte[73] und da
auch die Minister von der Mehrheit des Staatsrates zu ernennen waren[74],
war die Minderheit im Staatsrat zumindest theoretisch nicht in der Lage,
die Mehrheit zu irgendwelchen Vereinbarungen zu zwingen, um so
vielleicht eine Art Koalitionsregierung zu schaffen. Die Minderheit befand sich damit zwar in der Regierung, konnte aber eigentlich die Regierungsgeschäfte der Mehrheit nur wie eine Opposition überwachen
und sich möglicherweise, wenn es die politische Lage gebieten sollte,
direkt an der Regierungstätigkeit der Mehrheit — sozusagen in freier
Mitarbeit — beteiligen. Die verfassungsmäßig garantierte Beteiligung
der zweitstärksten Partei in der Regierungs- und Staatsspitze konnte
die Mehrheitspartei — zumindest nach dem Verfassungswortlaut — also
nicht hindern, die Politik einer Ein-Partei-Regierung zu betreiben.

---

[69] Vgl. *Batlle Berres:* «... una minoría con la función rectora de controlar, vigilar y, en lo posible, colaborar,...» zit. bei *Fraga Iribarne,* Vorwort
zu *Gros Espiell,* Las Constituciones, S. XXXVII.

[70] Die Verfassung von 1934 entschied sich — auch in der politischen Wirklichkeit — für diesen zweiten Typ der „Coparticipación": Gemäß Artikel
163 B war die zweitstärkste Partei mit einer bestimmten Anzahl von Sitzen
im Ministerrat vertreten. Damit standen einige Zweige der öffentlichen Verwaltung notwendigerweise unter dem politischen Einfluß jener Partei.

[71] Vgl. *Gros Espiell,* Las Constituciones, S. 114.

[72] Artikel 151; vgl. oben FN 30.

[73] Artikel 160: «El Consejo celebrará sesión con la concurrencia de cinco
de sus miembros por lo menos. El Presidente del Consejo tiene voz y voto.»
Artikel 161: «Todas las resoluciones del Consejo serán revocables por el voto
de la mayoría de sus miembros.»

[74] Artikel 174 Absatz 2: «Los Ministros serán designados y cesarán en
sus cargos por resolución del Consejo Nacional de Gobierno...»

In der politischen Wirklichkeit sah es dagegen ganz anders aus[75]. Die vielfältigen Spaltungen innerhalb der im Staatsrat vertretenen Parteien bewirkten immer wieder, daß ein Teil der Mehrheit sich mit der Minderheit zusammentat, um gegen die Stimmen des anderen Teils der Staatsratsmehrheit Beschlüsse durchzusetzen. Die Abstimmungsergebnisse entsprachen in den seltensten Fällen dem Mehrheit-Minderheit-Verhältnis von 6 : 3. Es kamen alle nur denkbaren Zahlenkombinationen vor.

2. Kollegialsystem und Parlament

Die Mitglieder des „Consejo Nacional de Gobierno" blieben vier Jahre im Amt und während dieser vier Jahre konnte die Mehrheit im Staatsrat die Regierungsgeschäfte und hierbei vor allem die Besetzung und die Tätigkeit der Ministerien nach ihren politischen Vorstellungen gestalten. Die politische Tätigkeit der Regierung mußte aber da wirkungslos bleiben, wo das Parlament seine Unterstützung versagte. Daß dies möglich und durchaus auch die Regel war, war eine Folge der originellen Verteilung der Staatsratssitze[76]. Danach stellte die stärkste Liste der siegreichen Partei zwar die Mehrheit im Staatsrat, nicht aber im Parlament, wo die Sitzverteilung nach dem Proportionalsystem erfolgte[77]. Die Mehrheitsliste der siegreichen Partei war also im Parlament auf die Unterstützung des übrigen Teils dieser Partei angewiesen. Da die beiden großen Parteien aber stark gespalten waren, kam es während des Kollegialsystems nicht selten vor, daß die eigene Partei der den Staatsrat tragenden Mehrheitsliste die parlamentarische Unterstützung versagte. So mußte diese Mehrheitsliste regelmäßig mit der Opposition der zweitstärksten, also unterlegenen Liste derselben Partei rechnen[78].

Die Kollegialisten, die aber glaubten, das Kollegialsystem werde die Macht der Regierung zugunsten des Parlaments einschränken, übersahen, daß ein Kollegialsystem in sich gar nicht auf eine Schwächung der Regierung abzielte. Bester Beweis dürfte hierfür wohl die Idee des Initiators des uruguayischen Kollegialsystems, Batlle y Ordóñez, sein, dessen Vorstellungen gerade in der Verfassung von 1952, also in der völ-

---

[75] Vgl. *Real*, Estructuras, S. 41, wonach mehr als 95 % der Regierungsgeschäfte von den Ministern getätigt wurden, während der „Consejo Nacional de Gobierno" lediglich als „sello de goma", als Stempel fungierte.

[76] Vgl. oben Erster Abschnitt § 2 I 2—4.

[77] Artikel 88: «La Cámara de Representantes se compondrá de noventa y nueve miembros elegidos directamente por el pueblo, con arreglo a un sistema de representación proporcional en el que se tomen cuenta los votos emitidos a favor de cada lema en todo el país...» Artikel 95: «Los Senadores serán elegidos por el sistema de la representación proporcional...»

[78] Vgl. *Real*, Estructuras, S. 54.

ligen Kollegialisierung, ihren Niederschlag fanden. Batlle y Ordóñez
war keineswegs ein Anhänger schwacher Regierungen, mit seinen kollegialistischen Ideen verfolgte er nicht etwa eine Schwächung der Exekutive. Mit der Kollegialisierung wollte er zwar dem Despotismus
Schranken setzen, aber er beabsichtigte damit keine Beschränkung der
politischen Macht der Regierung. Denn Batlle y Ordóñez war von der
Notwendigkeit einer starken Exekutive überzeugt und sein Projekt (aus
dem Jahre 1913) sah auch eine ausgesprochen starke Regierung vor[79].

Diejenigen, die für die Einführung eines Kollegialsystems eintraten,
weil sie so eine Schwächung der Exekutive zu erreichen glaubten, ver-
kannten also die Grundidee des Kollegialismus, der letztlich eine Verteilung der Befugnisse eines einzelnen (Präsident) auf mehrere (Staatsräte) vorsah, nicht dagegen eine Verminderung der Zuständigkeiten der
Regierung[80].

3. Argumente gegen das Kollegialsystem

Neben den Befürwortern gab und gibt es in Uruguay viele Gegner
eines Kollegialsystems. Auch diese teilen sich in zwei Gruppen: die einen
sind Anhänger eines präsidentiellen Systems, die anderen befürworten
ein parlamentarisches System. Zu der ersten Gruppe sind auch die zu
zählen, die die Staats- und Regierungsführung am liebsten in den Händen eines starken Mannes, eines „Caudillo" sähen. Gegen eine Kollegialisierung wurde an Bedenken immer wieder ins Feld geführt, daß ein
Kollegialsystem die Verantwortlichkeit der Regierungsmitglieder min-
dern und daß die Regierungstätigkeit erlahmen werde; daß der Regierung die erforderliche Einheit fehlen werde und daß eine Geheimhal-
tung, die bei bestimmten Angelegenheiten angebracht sei, kaum aufrechterhalten werden könne[81]. Dabei erinnerten diese Antikollegialisten
an die Erfahrungen, die Uruguay in den Jahren von 1918 bis 1933 gemacht hat, als es kaum möglich war, jemanden für die Irrtümer, Mißstände und Versäumnisse verantwortlich zu machen, die die Tätigkeit
des damaligen „Consejo Nacional de Administración" mit sich brachte[82].

---

[79] Vgl. oben Erster Abschnitt § 3 I.

[80] Vgl. *J. Jiménez de Aréchaga*, 1952, Bd. 2, S. 150.

[81] Vgl. *Real*, Neoparlamentarismo, S. 74; *J. Jiménez de Aréchaga*, a. a. O.,
S. 153.

[82] Vgl. *J. Jiménez de Aréchaga*, a. a. O., S. 158.

IV. Quellen und Vorläufer
des uruguayischen Kollegialsystems von 1952

1. Die „lateinamerikanische Schweiz"

Die „lateinamerikanische Schweiz", so nannten zahlreiche Autoren wohlwollend die kleine Republik Uruguay[83]. Mit dieser Bezeichnung wollte man der fortschrittlichen Entwicklung Rechnung tragen, die dieses Land — vor allem im ersten Drittel dieses Jahrhunderts — auf politischem und sozialem Gebiet[84] zu verzeichnen hatte. Gemeint war damit aber auch die politische Stabilität des Landes, die zumindest in Lateinamerika — mit Ausnahme von Costa Rica — ohne Beispiel war, und nicht zuletzt die Offenherzigkeit und Großzügigkeit, mit der Uruguay besonders während der beiden Weltkriege und zur Zeit des Faschismus und Nationalsozialismus den politisch und rassisch Verfolgten eine Heimat bot; dieses „Land der Professoren und Rechtsanwälte"[85], das sich in seiner jungen Geschichte zu einem der demokratischsten Staaten der Erde entwickelt hatte.

Aber die Ähnlichkeit mit der Schweiz beschränkte sich nicht auf diese allgemeinen Erscheinungen. Die von einem kollegialen Regierungssystem und einer dezentralisierten Verwaltung gekennzeichnete Verfassungsstruktur und die zaghafte, aber stetige Anwendung halb-plebiszitärer Demokratie unterstrichen den Einfluß, den die Schweiz im 20. Jahrhundert auf das uruguayische Verfassungsrecht ausgeübt hat[86].

2. „Kollegial" oder „direktorial"?

Die Bezeichnung „Kollegial" befindet sich seit dem 4. März 1913 im uruguayischen Sprachschatz. An diesem Tage veröffentlichte der dama-

---

[83] Vgl. *Lambert*, S. 227; *Fraga Iribarne*, a. a. O., S. XXXVIII, sieht in Uruguay auf Grund vorhandener Parallelen zum volksliberalen Sozialismus in den skandinavischen Ländern eine Art „Südamerikanisches Dänemark".

[84] Bereits zu Beginn des 20. Jahrhunderts setzte in Uruguay unter dem Präsidenten Batlle y Ordóñez eine fortschrittliche Sozialgesetzgebung ein (vgl. oben Erster Abschnitt FN 61), die für lateinamerikanische Verhältnisse als nahezu utopisch bezeichnet werden kann: Unter anderem gesetzliche Unfallversicherung (1914), Einführung des 8-Stunden-Tages und der 48-Stunden-Woche (1915), Regelung der Nachtarbeit (1918/20), Alters-, Angestellten- und Arbeiterrenten (1919), Festsetzung von Mindestlöhnen für Landarbeiter (1923); vgl. *Fraga Iribarne*, a. a. O., S. XVIII, FN 43; *Puhle*, S. 29.

[85] So *Dupuy*, Organisation internationale et Unité politique, la crise de l'Organisation des Etats Américains, in „Annuaire français de droit international", S. 191, Paris, 1960.

[86] Zum Beginn dieser Entwicklung vgl. oben Erster Abschnitt § 3 I.

lige Staatspräsident *José Batlle y Ordóñez* einen Plan[87], wonach an die
Stelle des Staatspräsidenten eine „Junta" treten sollte, die aus neun
Mitgliedern bestehen und mit weitgehenden Befugnissen ausgestattet
sein sollte. Damit war zum ersten Mal in der uruguayischen Verfassungsgeschichte eindeutig die Frage einer Kollegial-Regierung aufge-
worfen worden[88].

Die Terminologie in der internationalen Verfassungslehre ist nicht
einheitlich. Die uruguayische Lehre gebrauchte nie den Ausdruck
„Direktorial-Regierung"[89], der in Frankreich gebräuchlich war, um die
Regierungsform der Verfassung vom 22. August 1795 zu charakterisieren, und der auch zur Kennzeichnung des Schweizer Regierungssystems
benutzt wird[90], wo man aber ebenso den Ausdruck „Kollegial-Regierung"
gebraucht[91], ähnlich wie in Uruguay und in den sozialistischen Ländern[92].

Mit *Barthelémy*[93] könnte man die Bezeichnung „Direktorial-Regierung" für solche Regierungssysteme wählen, an deren Spitze ein mehr-
köpfiges Gremium steht, dem die Minister untergeordnet sind, während
mit dem Ausdruck „Kollegial-Regierung" solche Regierungen zu bezeichnen wären, deren Mitglieder zugleich mit der Staatsführung auch
die Geschäfte der verschiedenen Ministerien leiten. Aber der gemein-
schaftliche oder kollegiale Charakter dieser Regierungen beider Typen
gebietet wohl eher die Bezeichnung „Kollegial-Regierung", auch wenn
anerkannt werden muß, daß beide Bezeichnungen in etwa gleichbedeutend sind[94].

---

[87] Vgl. oben Erster Abschnitt FN 64; *Gros Espiell*, Las Constituciones,
S. 60 f.

[88] Bereits in der Verfassungsgebenden Versammlung von 1828/29 hatte
Gadea einen ähnlichen Plan vorgelegt. Sein Entwurf sagte aber weder über
die genaue Zahl der Mitglieder des Regierungskollegiums noch über seinen
Geschäftsbereich etwas aus. Artikel 1 seines Entwurfes lautete: « El Poder
Ejecutivo de este Estado será ejercido por dos a más personas.» Vgl. den
Text des Entwurfes bei *J. E. Jiménez de Aréchaga*, Ejecutivo, Bd. 1, S. 154 ff.

[89] Vgl. *Gros Espiell*, Las Constituciones, S. 61.

[90] Vgl. *Fleiner-Giacometti*, z. B. S. 592.

[91] So *Bridel*, S. 122 f.; *Sauser-Hall*, S. 159; *Ruck*, S. 31.

[92] Vgl. *Iorych*, L'U.R.S.S., in „Bulletin international des sciences sociales",
Bd. 10, Nr. 2, S. 270, Paris 1958; *Djordjevic*, Yougoslavie, dortselbst, S. 280 f.

[93] In seinem Werk „Rapport sur le concours Rossi devant la Faculté de
Paris", 1913, zit. bei *Ezmein-Nézard*, S. 536.

[94] Vgl. *Giraud*, S. 89 f.; *Cortiñas Peláez*, El marco comparativo y planeta-
rio del ejecutivo colegiado oriental, in „La Revista de Derecho, Jurisprudencia
y Administración", Bd. 64, S. 48, Montevideo, 1966, der die Bezeichnung „kollegial" aber nur dann zulassen will, wenn das Gremium aus mindestens drei
Mitgliedern besteht.

3. Die französischen Vorläufer

Die französische Verfassung vom 24. Juni 1793[95] wollte das parlamentarische System dadurch festigen, daß sie die Exekutive völlig unter die Kontrolle des Parlaments stellte. Dem Entwurf der „Gironde"[96] folgend legte die „Convention Française" alle Macht in die Hände einer parlamentarischen Versammlung. Diese Versammlung wählte einen 24köpfigen Exekutivrat, der auf Grund seiner Zusammensetzung und seiner Befugnisse zu einer bloßen Marionette wurde[97]. Diesem Exekutivrat waren untergeordnete, rein verwaltungsmäßige Aufgaben übertragen, er entbehrte jeder Handlungsfreiheit gegenüber der Versammlung, unterlag seinerseits aber einer scharfen Überwachung.

Nach einem Dekret der „Convention Nationale" vom 5. Oktober 1793 sollte das Regierungssystem „revolutionär bis zum Frieden" sein. Aber äußere Gefahr wie innere Bedrohung durch extreme Royalisten und Jakobiner sorgten für eine äußerst ausgeglichene Verfassung, eine „Verfassung der Angst"[98], nämlich die Verfassung vom 22. August 1795. Diese Verfassung ist die erste republikanische Verfassung Frankreichs, die auch wirklich zur Anwendung kam. Zugleich brachte sie das erste kollegiale Regierungssystem der Neuzeit, ein „Direktorium", das sich aus fünf sog. „Direktoren" zusammensetzte.

4. Die Schweizer Vorläufer

Mit dem Umsturz im Frühjahr 1798 fielen die alten Schweizer Bünde, die seit dem Bundesbrief von 1291 zu einem dichten und vielgestaltigen Netz von Verträgen geworden waren, endgültig auseinander. Am 12. April 1798 wurde die in Paris vorbereitete, ihren französischen Ursprung deutlich zur Schau tragende „Verfassung der helvetischen Republik" erlassen[99]. Diese Verfassung schuf eine Kollegial-Regierung nach dem Vorbild des „Direktoriums" der französischen Verfassung von 1795. Diese Entwicklung könnte den Schluß zulassen, daß das Kollegialsystem in der Schweiz mit der französischen Revolution eingeführt worden sei[100]. Dieser Schluß wäre aber unrichtig, denn die Schweizer Verfassungsgeschichte zeigt, daß die kollegiale Regierungsform ihre Anfänge

---

[95] Diese Verfassung kam nie zur Anwendung.
[96] Zur „Constitution Girondine" vgl. *Duguit—Monnier—Bonnard—Berlia*, S. 33 ff.; *Bastid*, S. 305 ff.
[97] Vgl. *Bastid*, S. 314 ff.
[98] So *Gaxotte*, zit. bei *Vedel*, S. 210.
[99] Vgl. *Sauser-Hall*, S. 85.
[100] Vgl. *Gaudemet*, S. 7.

hier bereits lange vor der französischen Revolution hat[101]. Sicher ist aber auch, daß diese Anfänge mit der französischen Besetzung und der aufgezwungenen Verfassung von 1798 entscheidende Impulse zur Festigung dieses System erhielten[102].

5. Die unmittelbare Quelle: Die Bundesverfassung der schweizerischen Eidgenossenschaft vom 29. Mai 1874

Als *José Batlle y Ordóñez* im Jahre 1913 seinen Entwurf für ein uruguayisches Kollegialsystem vorlegte, stand er ganz unter dem Eindruck des schweizerischen Verfassungssystems, das er während eines Aufenthaltes in diesem Land kennengelernt hatte[103]. Für Batlle y Ordóñez schuf dieses System der Verfassung von 1874 eine ideale Möglichkeit, dem Despotismus und der Willkür in Uruguay Einhalt zu gebieten und den politischen Frieden zu gewährleisten.

Nachdem die Idee Batlle y Ordóñez' in die uruguayische Verfassung von 1918 nur zum Teil übernommen worden war[104], kam sie in der Verfassung von 1952 nunmehr voll zur Anwendung.

So ist zunächst rein äußerlich eine Ähnlichkeit zwischen dem Kollegialsystem der uruguayischen Verfassung von 1952 und dem bis heute geltenden schweizerischen System der Verfassung von 1874 zu bejahen[105]: Weder die schweizerische noch die uruguayische Verfassung sehen als oberstes Exekutivorgan einen Staatspräsidenten vor. Die Staats- und Regierungsführung liegt bei beiden Verfassungen in den Händen eines

---

[101] Als aristokratisches System in Bern entstanden, dehnte sich das Kollegial-Prinzip über die Kantone Freiburg, Luzern und Solothurn vom 17. Jahrhundert an auf die meisten schweizerischen Städte aus. In diesem System hatten nur die angesehensten Familien das erbliche Recht, den „petit conseil" zu bilden. Dieses Patriziat war indessen keine juristische Institution, sondern ein „état de fait". Die Kantone Zürich, Basel und Schaffhausen waren oligarchisch aufgebaut. Auch hier war die Macht einigen reichen Kaufmannsfamilien vorbehalten. Das Patriziat hatte seinen Höhepunkt im 18. Jahrhundert. Der größte Teil der Schweizer Kantone bildete schließlich aristodemokratische Republiken. Vgl. *Sauser-Hall*, S. 81 ff.; *Gafner*, S. 110 ff.; *Bridel*, S. 123; *García Pelayo*, S. 529 ; *His*, S. 180 ff.; zum Kollegialsystem in den Kantonen vgl. *Giacometti*, S. 395 ff.

[102] So *García Pelayo*, S. 541.

[103] Vgl. oben Erster Abschnitt § 3 I.

[104] Teilkollegialisierung der Regierung durch Einführung eines neunköpfigen „Consejo Nacional de Administración", der gemeinsam mit dem Präsidenten der Republik die Staats- und Regierungsgeschäfte leitete; vgl. oben Erster Abschnitt § 3 II.

[105] Vgl. *Kraske*, Das kollegiale Staatshaupt in der Verfassung der Republik Uruguay vom 26. Oktober 1951, in Zeitschrift für ausländisches öffentliches Recht und Völkerrecht, Bd. 15, 1953/54, S. 263.

Kollegiums — in der Schweiz der Bundesrat[106] und in Uruguay der „Consejo Nacional de Gobierno"[107] —, dessen Vorsitz jährlich wechselt[108].

Beide Verfassungen kennen ferner ein 2-Kammer-System — hier Abgeordnetenhaus und Senat, dort Nationalrat und Ständerat[109] — mit der Möglichkeit, jeweils beide Häuser zu einer parlamentarischen Gesamtvertretung[110] zusammenzulegen.

Schließlich kennen beide Verfassungen den Grundsatz der Verhältniswahl[111].

Bei näherer Betrachtung ergeben sich indessen wesentliche Unterschiede[112], die den ersten Eindruck verwischen:

a) In der Schweiz leiten die Bundesräte nicht nur die Staats- und Regierungsgeschäfte, sondern in ihren Händen liegt zugleich die Führung der verschiedenen „Departementen"[113].

Die uruguayische Verfassung von 1952 kannte dagegen Minister, die dem Staatsrat untergeordnet waren[114].

b) Das Mehr-Parteien-System der Schweiz ist klar und übersichtlich[115], während das uruguayische Zwei-Parteien-System höchst verwikkelt und in seinen praktischen Auswirkungen oft schwer zu durchschauen ist.

c) Der Schweizer Bundesrat beherrscht das politische Geschehen und die ihn wählende Bundesversammlung[116]. Er erfreut sich einer umfang-

---

[106] „Die oberste vollziehende und leitende Behörde der Eidgenossenschaft ist ein Bundesrat, welcher aus 7 Mitgliedern besteht." (Artikel 95.)

[107] Artikel 149 der Verfassung von 1952.

[108] Vgl. Artikel 98 der Schweizer Verfassung und Artikel 158 der uruguayischen Verfassung von 1952.

[109] Das 2-Kammer-System hat hier seinen Grund aber in dem bundesstaatlichen Charakter der schweizerischen Verfassung, der in der Verfassungswirklichkeit allerdings immer mehr einheitsstaatliche Züge angenommen hat. Vgl. *Schindler*, Die Entwicklung des Föderalismus in der Schweiz, in Jahrbuch des Öffentlichen Rechts (Neue Folge), Bd. 9, 1960, S. 45 u. 67 f.; *Huber*, S. 13.

[110] Hier „Asamblea General", dort Bundesversammlung.

[111] In der Schweiz seit 1918. Vgl. Artikel 73 der Schweizer Verfassung in der Fassung vom 13. Oktober 1918.

[112] Vgl. insbesondere *Cortiñas Peláez*, La afirmación de la colegialidad integral en la Constitución de 1952, in „La Revista de Derecho, Jurisprudencia y Administración", Bd. 64. S. 215 ff.; Montevideo, 1966; ferner *Real*, Estructuras, S. 56 f.; ders.; Neoparlamentarismo, S. 74 f.; *Gros Espiell*, Esquema, S. 139, FN 8.

[113] Vgl. Artikel 103 der Schweizer Verfassung.

[114] Artikel 174.

[115] Vgl. *Sauser-Hall*, S. 179 f.; *Huber*, S. 30 ff.

[116] Das staatsrechtliche Verhältnis der Überordnung der Bundesversammlung über den Bundesrat hat sich im Laufe der Zeit politisch gewandelt, indem tatsächlich der Bundesrat in vielen Fällen seinen Willen in und gegen-

reichen politischen Macht, die sich bis auf die Gesetzgebungsbefugnis in Krisenzeiten erstrecken kann[117].

Das eidgenössische Verwaltungsgericht, Teil des Schweizer Bundesgerichts, kann Entscheidungen eines „Departements" beanstanden und aufheben[118], Entscheidungen des Bundesrates sind dagegen unanfechtbar[119], weil sie als Grundsatzentscheidungen gelten[120].

Verfassungswortlaut wie Verfassungswirklichkeit verwehrten dem uruguayischen Staatsrat der Verfassung von 1952 eine auch nur annähernd ähnliche Machtfülle. Der direkt vom Volk gewählte „Consejo Nacional de Gobierno" hatte besonders gegenüber dem Parlament eine ungleich schwächere Stellung.

d) Gesetzgebung und politische Praxis räumen dem Präsidenten des Schweizer Bundesrates weitgehende Rechte ein[121], die ihn von den übrigen Mitgliedern des Bundesrates zum Teil deutlich abheben. Die schweizerische Verfassungspraxis dehnt damit erheblich die engen Grenzen aus, wie sie in Art. 95 ff. für die Befugnisse des Bundespräsidenten dem Buchstaben der Verfassung nach gezogen sind. So hat sich der Geschäftsbereich des Präsidenten der schweizerischen Eidgenossenschaft trotz seiner verfassungsrechtlichen Stellung als „primus inter pares" in der Verfassungswirklichkeit erheblich erweitert[122].

e) Der Schweizer Bundesrat hat eindeutig bundesstaatlichen Charakter[123], während der uruguayische Staatsrat einheitsstaatliche Züge aufweist[124].

über der Bundesversammlung durchgesetzt hat. Die Sachkenntnis des Bundesrates und sein Einfluß in den in der Bundesversammlung vertretenen politischen Parteien haben darüber hinaus das politische Kräfteverhältnis zwischen diesen beiden Organen zugunsten des Bundesrates verschoben. So ist der Bundesrat Herr des politischen Geschehens, entgegen dem Wortlaut der schweizerischen Bundesverfassung und entgegen einer folgerichtigen Auswirkung des Vorranges der Legislative vor der Exekutive. Vgl. *Ruck*, S. 184 f.

[117] Vgl. *Sauser-Hall*, S. 161; *Huber*, S. 48.

[118] Bundesgesetz von 1928, zitiert bei *Gafner*, S. 263 f.

[119] Artikel 103 als verfassungsrechtliche Grundlage für diese Entwicklung.

[120] Vgl. *Gafner*, S. 260.

[121] Vgl. *Sauser-Hall*, S. 160.

[122] Der Bundespräsident leitet die Geschäfte des Bundesrates und prüft im voraus die von den „Departementen" dem Bundesrat unterbreiteten Angelegenheiten. Vgl. Bundesdekret vom 28. Juni 1895, Artikel 13; dazu vgl. *Gafner*, S. 239. Der Bundespräsident überwacht die gesamte Bundesverwaltung und achtet darauf, daß die „Departementen" ohne Verzug die ihnen zugeleiteten Angelegenheiten erledigen. Schließlich kann der Bundespräsident im Dringlichkeitsfalle im Namen des Bundesrates selbst Entscheidungen treffen, die er allerdings umgehend zur Ratifizierung vorlegen muß. Vgl. Artikel 14, 15, 16 des Bundesgesetzes vom 26. März 1914; *Gafner*, S. 251.

[123] Artikel 96: „... Es darf jedoch nicht mehr als ein Mitglied aus dem nämlichen Kanton gewählt werden..."

[124] z. B. Artikel 150: «... considerándose la República como una sola circunscripción electoral...»

f) Ein weiterer Unterschied, der die vergleichsweise geringe Stabilität des uruguayischen Staatsrates erkennen ließ, war darin zu sehen, daß kein Mitglied des Staatsrates für die nächste Wahlperiode wiedergewählt werden konnte[125], während in der Schweiz eine unbegrenzte Wiederwahl der Mitglieder des Bundesrates zulässig und auch zur Regel geworden ist. So scheiden in der Schweiz die Bundesräte im allgemeinen nur durch Tod oder freiwillige Abdankung aus[126]. Eine Kontinuität der Geschäftsführung, wie sie das uruguayische Regierungssystem von 1952 nicht kannte, ist in der Schweiz damit weitgehend gesichert.

Die einzige wesentliche Übereinstimmung zwischen dem uruguayischen Kollegialsyssstem von 1952 und dem geltenden Schweizer Regierungssystem bestand somit nur in formeller Hinsicht, in der kollegialen Regierungsstruktur[127].

§ 3: Bemerkungen zum Parteien- und Wahlsystem

Die Verfassung von 1952 ließ das Bemühen seiner Schöpfer sichtbar werden, die tragende Rolle der beiden großen, sog. „traditionellen" Parteien der „Blancos" und „Colorados" innerhalb der uruguayischen Demokratie stärker als bisher zu institutionalisieren. Die Verfassung von 1952 regelte zwar noch nicht den inneren Aufbau der politischen Parteien, sie bezog sich aber wiederholt direkt oder indirekt auf die Parteien[128] und erkannte sie so als Basis des gesamten politischen Systems an. Dies ergab sich nicht nur aus der institutionalisierten „Coparticipación" der beiden großen Parteien auf Regierungsebene, sondern auch aus zwei weiteren Neuerungen, die die Zahl der Besonderheiten des uruguayischen Verfassungssystems erweiterte.

I. Das System der „hoja única"

Eine solche für die uruguayische Verfassungsentwicklung bedeutende Neuerung enthielt Artikel 77 Ziffer 9[129], eine Neuerung, die bei der Ausarbeitung der Verfassung heftig umstritten war.

---

[125] Vgl. oben § 2 I 3.
[126] Vgl. *Ruck,* S. 172.
[127] Vgl. *Real,* Estructuras, S. 57.
[128] Artikel 39, 58, 59, 77, 79, 80, 88, 94, 96, 158, 161, 187, 261, 262, 275, 287, 322, 324, 325, 326 und 327.
[129] «La elección de los miembros de ambas Cámaras del Poder Legislativo, del Consejo Nacional de Gobierno, de las Juntas y Concejos Departamentales, así como la de cualquier órgano para cuya constitución o integración las leyes establezcan el procedimiento de la elección por el Cuerpo Elec-

Nach Absatz 1 dieser Vorschrift fanden die Wahlen zum Senat, zum Abgeordnetenhaus, zum Staatsrat, zu den Parlamenten und Regierungen in den Departements sowie die Wahlen zu jedem weiteren Amt, für das der Gesetzgeber die direkte Wahl durch das Volk vorgeschrieben hatte, alle vier Jahre am letzten Sonntag im November statt.

Damit wurde ein Prinzip gefestigt, das bereits die Verfassung von 1942 anerkannt hatte[130]: die völlige und gleichzeitige Erneuerung aller zu wählenden Ämter.

Neben dieser teilweisen Neuerung[131] brachte Artikel 77 Ziffer 9 eine grundlegende Änderung in seinem Absatz 2, wonach die Listen der Kandidaten für die verschiedenen Ämter auf jeweils einem einzigen Stimmzettel („hoja única") aufzuführen waren. Hier handelte es sich nicht etwa um eine „Einheitsliste", denn es konnten — unter gewissen Voraussetzungen — beliebig viele Listen an den Wahlen teilnehmen. Die politischen Gruppen, die sich an den Wahlen beteiligen wollten, waren aber gezwungen, alle ihre Kandidaten — vom Staatsrat bis zu den letzten Departementsabgeordneten — auf einem einzigen Stimmzettel zusammenzufassen. Der uruguayische Wähler konnte seine Stimme also nicht für jedes zu wählende Amt getrennt abgeben. Wenn er sich zum Beispiel für den Staatsratskandidaten X entschieden hatte, mußte er — wohl oder übel — seine Stimme zugleich allen übrigen Kandidaten geben, die auf demselben Stimmzettel für die anderen Wahlämter aufgeführt waren.

Mit dieser nicht unerheblichen Einengung des Entscheidungsspielraumes des Wählers nahm der Verfassunggeber in erster Linie Rücksicht auf die starken Spaltungstendenzen innerhalb der beiden großen uruguayischen Parteien. Eine unaufhaltsame Vermehrung der Wahllisten gab dem Wähler im Laufe der Zeit dann aber doch die Möglichkeit, seinen Willen bei der Besetzung der verschiedenen Wahlämter möglichst weitgehend zum Ausdruck zu bringen[132].

---

toral, se realizará el último domingo del mes de noviembre, cada cuatro años. Las listas de candidatos para esos cargos se incluirán conjuntamente en una sola hoja de votación, bajo un solo lema, ...»

[130] Artikel 79: «En todo el territorio de la República se harán las elecciones ordinarias de Representantes el último domingo del mes de noviembre.» Artikel 80: «Los Representantes durarán en sus funciones por cuatro años, y su elección coincidirá con la del Presidente de la República, Senadores, Intendentes y Juntas Departamentales ...»

[131] In Uruguay nicht unumstritten; vgl. *J. Jiménez de Aréchaga* 1952, Bd. 2, S. 81.

[132] So konnte man insbesondere bei den Wahlen des Jahres 1966 feststellen, daß eine Vielzahl von Wahlzetteln sich nur geringfügig, oft nur in einem einzigen Kandidaten, unterschied. Der Wähler hatte nun also viele Möglichkeiten, seinen Willen zum Ausdruck zu bringen. Denn sein Spitzenkandidat war nun nicht nur in einem einzigen Wahlzettel, sondern in meh-

Zu dieser Regelung kam es nicht zufällig. Das Prinzip einheitlicher Stimmzettel für alle Wahlen war einer der Eckpfeiler jenes Abkommens[133], das zur Verfassung von 1952 geführt hatte und mit dessen Hilfe einmal mehr die traditionelle Stärke der beiden großen Parteien, der „Blancos" und „Colorados", bewahrt bleiben sollte[134].

Nach Auffassung der „Kommission der 25" konnte in all den Staaten, die das System der „hoja única" nicht kannten, weder ein freies Wahlrecht noch sonst ein demokratisches System bestehen[135]. Dies galt demnach insbesondere für die Staaten, in denen man es für erforderlich gehalten hatte, die Gemeinden und Provinzen oder Bundesländer sich selbst verwalten zu lassen, weil man dort eingesehen hatte, daß diese Verwaltungseinheiten Probleme zu lösen hatten, die sich von denen grundlegend unterschieden, mit denen sich die Zentralregierung zu befassen hatte.

In Wirklichkeit wollten die uruguayischen Verfassungsväter mit Hilfe jenes Systems den Wähler beeinflussen und die öffentliche Meinung steuern. Sie wollten hier einmal mehr mit verfassungsrechtlichen Bestimmungen das nötige Rüstzeug schaffen, mit dem die beiden großen

---

reren, und zwar in verschiedenen Kombinationen, aufgeführt. Dabei waren auf einzelnen Wahlzetteln bis zu mehr als 400 Kandidaten genannt. Diese hohe Zahl ist aber auch darauf zurückzuführen, daß für jedes Wahlamt bis zu 5 Vertreter zu wählen waren. Die Zahl der Wahlzettel für ganz Uruguay stieg bei den Wahlen von 1966 auf 1301; vgl. Wahlstatistik in der Montevideaner Morgenzeitung „La Mañana" vom 12., 14. und 15. 11. 1966. Dabei ist ferner zu berücksichtigen, daß zusammen mit den Wahlen des Jahres 1966 über eine neue uruguayische Verfassung abgestimmt wurde und daß daher zugleich unter den Bedingungen der geltenden wie der zur Abstimmung stehenden Verfassung gewählt wurde. Insoweit hielt sich die Zahl der Wahlzettel noch in Grenzen. Denn, da die Struktur der 4 vorgelegten Verfassungsentwürfe gleich war (Präsidialsystem), waren von jedem Wähler nicht 5 (1 + 4), sondern nur 2 (1 + 1) verschiedene Wahlzettel abzugeben.

[133] Vgl. oben § 1.

[134] Dies geht auch aus dem Schlußbericht der Sonderkommission des uruguayischen Repräsentantenhauses vom 21. 9. 1951 hervor, abgedruckt in *Martins-Gros Espiell*, S. 61 f., wo es u. a. heißt: « ... La necesidad de reforzar la cohesión de los partidos políticos, haciendo cada vez más orgánica su estructura, justifica estas reformas ...»

[135] Die Kommission fand in ihrem Bericht, a. a. O., zu einer neuen politischen Philosophie, ausgehend von der These „Ohne Parteien gibt es keine politische Freiheit", und räumte den Parteien dabei Rechte ein, die eine klare Bevormundung des Wählers bedeuteten: « ... El acto de sufragar deja de ser libre si el partido a cuya fé política o a cuya sistema ideológico se ha afiliado el ciudadano, no le presenta candidatos para todos los cargos electivos, pues si no es así el elector se encuentra frente a la alternativa de dejar de cumplir su deber de votar o de votar contra sus convicciones. La exigencia de que la manifestación de la voluntad electoral sea coherente y lógica, no admitido su fraccionamiento que implica aceptar la contradicción del voto dado a la vez por distintos partidos, unida a la necesidad de controlar la obligación que éstos tienen de presentar candidatos para todos los cargos, constituyen la justificación plena del sistema de la hoja única ...»

„traditionellen" Parteien vor dem drohenden Zerfall bewahrt bleiben sollten. Denn die uruguayische Wirklichkeit unterschied sich völlig von der Situation, die dem Konzept der „hoja única" zugrunde lag. So zeigen die uruguayischen Erfahrungen, daß, wenn es darum geht, lokale Probleme zu lösen, die irgendein Departement des Landes betreffen, die Menschen aufhören, sich untereinander so aufzuspalten, wie es der Fall ist, wenn es um nationale Probleme geht[136].

Diese Wirklichkeit verhehlt das System der „hoja única", mit dem die Verfassung von 1952 der Republik Uruguay eine politische Einheitsstruktur gab, die mit Hilfe der von Montevideo her gelenkten politischen Parteien die von derselben Verfassung geschaffene dezentralisierte Struktur der Departements[137] überlagerte[138].

II. Das „lema"-System in der Verfassung von 1952

Dieselben Beweggründe, die den uruguayischen Verfassungsgeber veranlaßten, für alle Wahlen einen einheitlichen Stimmzettel zu schaffen, bestimmten ihn, in die Verfassung von 1952 eine völlig neue Vorschrift einzufügen, die es den verschiedenen politischen Gruppen, die gleichen historischen Ursprungs sind, erlaubte, die bei den Wahlen auf sie entfallenen Stimmen zusammenzuzählen[139]. Damit wurde ein Verfahren

---

[136] Geht es z. B. um ein Problem, das die wirtschaftlichen Interessen des uruguayischen Departements Maldonado betrifft, so wird unverzüglich ein Ausschuß ins Leben gerufen, dessen Mitglieder sich nach Montevideo begeben, um dort — gegebenenfalls mit Hilfe der Zentralregierung — die Lösung des anstehenden Problems voranzutreiben. In diesem Ausschuß sitzen dann etwa „Blancos", „Colorados", Sozialisten und Christliche Demokraten, die sich gemeinsam um eine Lösung bemühen, ohne Rücksicht auf sonst vorhandene ideologische oder sonstige parteipolitische Streitfragen. Vgl. *J. Jiménez de Aréchaga*, 1952, Bd. 2, S. 84.

[137] Vgl. Artikel 262—303.

[138] Vgl. die Situation in der Sowjetunion, wo die Verfassung z. B. den einzelnen Republiken weitgehende Autonomie einräumt (Art. 17 u. 89), während die politische Wirklichkeit kraft des zentral gesteuerten Machtapparates der KPdSU eine rein unitarische Struktur erkennen läßt und von Autonomie nur im Bereich der Folklore gesprochen werden kann. Vgl. *Maurach*, S. 102 f. u. 251 ff.

[139] Artikel 79: «La acumulación de votos por lema para cualquier cargo electivo sólo puede hecerse en función de lemas permanentes ... La acumulación de votos queda, sin embargo, autorizada para fracciones que pertenecieron a un mismo partido y que posteriormente adquirieron o emplearon un nuevo lema, y podrá efectuarse bajo el lema de una de ellas, o manteniendo cada una su propio lema, para las listas de candidatos a Consejeros Nacionales, Senadores, Representantes, miembros de los Concejos y de las Juntas Departamentales y de los organismos electorales, conjunta o separadamente. En el caso de que las fracciones políticas a que se refiere esta cláusula acuerden hacer uso del derecho de acumulación que ellas les concede, lo comunicarán por intermedio de sus autoridades nacionales, a la Corte Electoral o a

institutionalisiert, das bereits seit der „lema"-Gesetzgebung von 1934 und 1939[140] angewendet wurde.

Die umständliche Formulierung des Artikels 79 der Verfassung von 1952 läßt bei den Verfassungsvätern auf eine gewisse Verlegenheit schließen, diese Vorschrift so abzufassen, wie sie wirklich gemeint war. In die politische Sprache jener Tage übersetzt, hätte Artikel 79 etwa gelautet: „Die kleinen Parteien dürfen keine Wahlbündnisse eingehen und so die gegenwärtige Vormachtstellung der beiden großen Parteien gefährden. Die ‚unabhängigen Blancos'[141] können ihre Stimmen mit denen der ‚Herreristen' zusammenlegen. Dabei können ein einheitlicher ‚lema' oder auch die derzeitigen verschiedenen ‚lemas' dieser beiden Gruppen verwendet werden[142]." Eine solche Formulierung wäre kürzer, verständlicher und auch ehrlicher gewesen.

In erster Linie wollten die Verfassungsväter mit jener Regelung das damalige politische Gleichgewicht in Uruguay festigen[143]. Wahlbündnisse zwischen den kleineren, nicht-traditionellen Parteien sollten ausgeschlossen sein, welche politischen Verhältnisse die Zukunft Uruguay auch bringen sollte. Die in Artikel 79 — wie schon in den „lema"-Gesetzen — enthaltene Regelung erkannte als einzig entscheidenden Faktor für den Zusammenschluß politischer Gruppen die Tatsache gemeinsamer politischer Herkunft an. Ein anderer Grund, der den in ihrer politischen Zielsetzung oft so verschiedenen Gruppen die Zusammenzählung der auf sie entfallenen Stimmen ermöglichte, ist nicht ersichtlich.

In Absatz 2 derselben Vorschrift ging die Verfassung sogar soweit, daß sie selbst zwei verschiedenen „lemas" — also nicht „sublemas" —

---

los organismos electorales departamentales, según los casos, con treinta días de anticipación, por lo menos, a la fecha de la elección, estableciéndose, además, en las hojas de votación respectivas, el carácter acumulativo de las listas que hayan sido objeto de acuerdo. Las personas vinculadas a fracciones que pertenecieron a un mismo partido y que posteriormente adquirieron o emplearon un nuevo lema, podrán ser incluídas indistintamente en listas de candidatos de esas fracciones a miembros de ambas Cámaras del Poder Legislativo, del Consejo Nacional de Gobierno, de los Concejos y de las Juntas Departamentales, así como de cualquier órgano para cuya constitución o integración las leyes establezcan el procedimiento de elección por el Cuerpo Electoral.»

[140] Vgl. oben Erster Abschnitt § 4 III 2.

[141] Vgl. oben FN 3.

[142] Vgl. *J. Jiménez de Aréchaga*, 1952, Bd. 1, S. 82.

[143] Diese Absicht klang in einer weiteren Besonderheit an, die der Entwurf der Verfassung von 1952 noch in seinem Artikel 78 vorsah, die dann aber doch nicht in den endgültigen Text aufgenommen wurde. Vgl. *J. Jiménez de Aréchaga*, 1952, Bd. 2, S. 94. Danach sollten nur solche Personen für eine Wahlliste kandidieren können, die mit der hinter ihr stehenden Partei „fest verbunden" waren. Damit sollte solchen Politikern, die die Partei gewechselt hatten, eine weitere politische Karriere versperrt bleiben.

das gleiche Recht zuerkannte, nur weil sie gleichen Ursprungs waren,
d. h. Untergruppen der beiden großen Parteien, jedoch nicht „sublemas"
in förmlicher Hinsicht[144]. Die Absicht des Artikels 79 ging also weder
dahin, die Entstehung neuer Parteien, noch die Eintragung neuer
„lemas" ins Wahlregister zu verhindern. Artikel 79 wollte vielmehr den
wahltechnischen Vorteil der Zusammenzählung verschiedener „sublemas" unter einem „lema" allein den beiden Traditionsparteien einräumen. Alle anderen Parteien konnten also die für sie abgegebenen
Wählerstimmen nur dann zusammenzählen, wenn sie es verhinderten,
daß sich innerhalb ihres jeweiligen „lemas" „sublemas" bildeten. Mit
anderen Worten: Ein nicht-traditioneller „lema" konnte niemals verschiedene politische Kräfte in sich vereinigen. Diese Möglichkeit war
allein den beiden großen Parteien der „Blancos" und „Colorados" vorbehalten. Den übrigen politischen Gruppen blieb, wenn sie ein Wahlbündnis eingehen wollten, keine andere Wahl, als die eigenen politischen Banner zu streichen und sich als einheitliche Partei — unter
einem gemeinsamen „lema" und ohne „sublema" — dem Wähler zu
präsentieren[145].

Unter dem Vorwand, den Auflösungserscheinungen und Zersplitte-
rungen innerhalb der beiden großen Parteien wirkungsvoller entgegen-
treten zu wollen[146], hatte die uruguayische Verfassung so die übrigen
Parteien mit einem Koalitionsverbot belegt, das den Spaltungstendenzen in den Reihen der „Blancos" und „Colorados" zwar keinen Einhalt
gebieten konnte, das aber andererseits dafür sorgte, daß sich der Zerfall der beiden Parteien für diese nicht tödlich auswirkte. Denn dank
der Vorschrift des Artikels 79 konnten sich die immer zahlreicher werdenden Gruppen dieser Parteien bei den Wahlen immer wieder unter
einem „lema" zusammenschließen und so, wenn auch nur nach außen
hin, ihre traditionelle Stärke bewahren[147].

---

[144] Damit wurde die wahltechnische Einheit der „Blancos" wiederhergestellt, die bis dahin in zwei verschiedene „lemas" — „Partido Nacional" und
„Partido Nacional Independiente" — zerfiel. Die endgültige politische Wieder-
vereinigung zu dem „lema" „Partido Nacional" wurde teilweise 1954 und 1958
völlig vollzogen. Vgl. *Gros Espiell*, Esquema, S. 144, FN 16.

[145] Einige linksorientierte Gruppen verschiedener Parteien schlossen sich
so bei den Wahlen von 1962 mit der Sozialistischen Partei zu dem gemeinsamen „lema" „Unión Popular" zusammen. Vgl. I. E. P. A. L., Uruguay, S. 70;
vgl. auch oben FN 37 u. 38.

[146] Vgl. Schlußbericht der Sonderkommission des Repräsentantenhauses,
a. a. O., S. 62: «La indiscutible conveniencia general de restablecer las grandes unidades políticas de tradición histórica como medio de asegurar también para nuestro país los beneficios de una opinión pública no excesivamente
fraccionada, cuyos excelentes resultados pueden apreciarse en Inglaterra y
en Estados Unidos, explican la disposición del artículo 79.»

[147] Allen Spaltungstendenzen und Auflösungserscheinungen zum Trotz
konnten die „Blancos" und „Colorados" bis 1966 so immer wieder einen etwa
gleichen Stimmenanteil von etwa 90 % auf sich vereinigen. Vgl. I. E. P. A. L.,
Uruguay, S. 60; vgl. auch FN 37 u. 38.

§ 4: Abschwächung des neoparlamentarischen Systems

Die Verfassung von 1952 brachte eine Änderung des neoparlamentarischen Systems der Verfassungen von 1934 und 1942.

Die Minister bedurften nun nicht mehr — wie noch in der Verfassung von 1942[148] — der ausdrücklichen Unterstützung des Parlaments. Der „Consejo Nacional de Gobierno" berief und entließ die Minister[149].

Die Minister waren aber der „Asamblea General" politisch verantwortlich. Ein mit absoluter Mehrheit der „Asamblea General" ausgesprochenes Mißtrauensvotum zwang den oder die betreffenden Minister zum sofortigen Rücktritt[150].

Diese Verantwortlichkeit dehnte die Verfassung aber nicht auf die Mitglieder des „Consejo Nacional de Gobierno" aus. Die Mitglieder des Staatsrates konnten nur über ein „juicio político" zur Verantwortung gezogen werden[151]; ein traditionelles Institut des uruguayischen Verfassungssystems[152], vergleichbar dem nordamerikanischen „impeachment"[153].

Die Verantwortlichkeit, die sich aus diesem Verfahren ergibt, das als eine Art „politisches Strafverfahren" bezeichnet werden kann, entspricht nicht der politischen Verantwortlichkeit, die im parlamentarischen Mißtrauensvotum ihren Ausdruck findet.

Andererseits nahm die Verfassung von 1952 der Regierung die Möglichkeit, das Parlament aufzulösen und Neuwahlen auszuschreiben[154].

---

[148] So Artikel 162; vgl. oben Erster Abschnitt FN 142.

[149] Vgl. Artikel 174 Abs. 2: «Los Ministros serán designados y cesarán en sus cargos por resolución del Consejo Nacional de Gobierno ...»

[150] Artikel 147: «Cualquiera de las Cámaras podrá juzgar la conducta de los Ministros de Estado, proponiendo que la Asamblea General, en sesión de ambas Cámaras, declare que se censuran sus actos de administración o de gobierno ...» Artikel 148: «La censura, pronunciada por mayoría absoluta de votos del total de componentes de la Asamblea General, determinará la renuncia inmediata de sus cargos del Ministro o de los Ministros afectados por ella.»

[151] Artikel 93: «Compete a la Cámara de Representantes el derecho exclusivo de acusar ante la Cámara de Senadores, a los Consejeros Nacionales ... por violación de la Constitución o de las leyes u otros delitos graves ...»

[152] Bereits Artikel 26 Ziffer 2 der Verfassung von 1830 gab dem Repräsentantenhaus das Recht, den Präsidenten der Republik wegen bestimmter Vergehen vor dem Senat anzuklagen. Vgl. oben Erster Abschnitt FN 14.

[153] Vgl. Art. I, Section 2, Clause 5 und Section 3, Clause 6 der Verfassung der Vereinigten Staaten.

[154] Artikel 140 der Verfassung von 1942 sah diese Möglichkeit noch vor. Als Begründung für die Abschaffung dieses Instituts trugen die Verfassungsväter vor: «... porque era un instituto cesarista.» Vgl. *Real*, Estructuras, S. 55.

Die Eigenart des uruguayischen Verfassungssystems von 1952, das keinem der herkömmlichen Systeme entsprach[155], ging also soweit, daß es das Institut einer direkt vom Volk gewählten kollegialen Staats- und Regierungsführung mit der Möglichkeit eines parlamentarischen Mißtrauensvotums gegen einen oder mehrere Minister verband, ohne daß die Möglichkeit bestand, das Parlament aufzulösen[156]. Mögliche Konflikte zwischen Parlament und Regierung konnten also nur über den Sturz eines oder mehrerer Minister gelöst werden[157].

Der hier unternommene Versuch, das Parlament mehr in den Mittelpunkt des Verfassungslebens zu stellen, blieb in der politischen Wirklichkeit ohne Auswirkungen. Von dem 1952 vereinfachten Verfahren des Mißtrauensvotums wurde nie Gebrauch gemacht. Es kam nur zu zwar zahlreichen, aber wenig ergiebigen „llamados a sala" der Minister[158].

§ 5: „Entes Autónomos" und „Servicios Descentralizados"

Erhöhter staatlicher Interventionismus und wirtschaftlicher Dirigismus ebneten, als universelle Phänomene, den Weg zu einer Dezentralisierung der öffentlichen Verwaltung.

Hier bildet die Republik Uruguay keine Ausnahme. Die Entwicklung in diesem Sinne setzte in Uruguay — mit verschiedenen besonderen Merkmalen — bereits Ende des 19. Jahrhunderts ein[159]. Die Notwendigkeit, bestimmte staatliche Unternehmen in erster Linie nach fachlichen und technischen Gesichtspunkten, wenn auch unter Wahrung einer einheitlichen politischen Linie, zu leiten, sprengte bereits den Wortlaut jener Verfassung, die im Präsidenten der Republik den „obersten Chef

---

[155] *Real*, a. a. O., S. 56, bezeichnete das System von 1952 treffend als „un coctel formado con un poquito de cada uno de los sistemas existentes en el derecho comparado y plagado de contradicciones."

[156] Übereinstimmende Vorgänger hat dieses System in anderen lateinamerikanischen Verfassungen: Chile (1833), Ecuador (1946), Honduras (1924), Peru (1933), Cuba (1940) und Guatemala (1945 u. 1956); vgl. *Real*, Neoparlamentarismo, S. 34 ff.; *Calderon*, S. 576.

[157] Da in der Verfassungswirklichkeit nach 1934 das uruguayische Parlament aber nie mit den von der Verfassung gegebenen Mitteln aufgelöst worden war, sah man die Kritik an der Neuregelung der Verfassung von 1952 weniger praktisch als theoretisch begründet. Vgl. *Gros Espiell*, Esquema, S. 141. Andere Stimmen wiesen kritisch darauf hin, die Verfassung von 1952 habe nichtverantwortliche Staatsräte mit Entscheidungsgewalt ausgestattet, während die politisch verantwortlichen Minister ohne eigene Machtbefugnis blieben. Vgl. *J. Jiménez de Aréchaga*, Discurso, S. 6.

[158] Vgl. oben Erster Abschnitt FN 13.

[159] Vgl. oben Erster Abschnitt § 2 III 3.

der Staatsverwaltung"[160] sah. So entstanden autonome Staatsbetriebe, staatliche Wirtschaftsunternehmen, die sich weitgehend selbst verwalteten.

Die Verfassung von 1918 übernahm dieses Prinzip der Selbstverwaltung, allerdings ohne deren Merkmale näher zu beschreiben[161].

Die Verfassungen von 1934 und 1942 entwickelten dieses Prinzip, indem sie unterschieden zwischen „Entes Autónomos" (autonome Staatsbetriebe)[162] und „Servicios Descentralizados" (dezentralisierte, staatliche Versorgungsbetriebe)[163] und zugleich die Kontrollmöglichkeiten der Regierung erweiterten.

Die Unterscheidung zwischen diesen beiden Betriebsformen beruht auf dem Grad ihrer Dezentralisierung: So genießen die „Entes Autónomos" eine weitgehende Autonomie, die nur durch die in der Verfassung ausdrücklich vorgesehene Überwachung durch die Regierung beschränkt werden kann, während die „Servicios Descentralizados" nur die ihnen durch Gesetz eingeräumten Rechte genießen und außerdem einer schärferen staatlichen Kontrolle unterliegen[164].

I. Das autonome Bildungswesen

Die Verfassung von 1952 unterteilte die „Entes Autónomos" nun weiter in „Entes Autónomos Industriales y Comerciales" und „Entes Autónomos Culturales"[165]. Den letzteren, auch als „Entes Autónomos de

---

[160] So Artikel 79 der Verfassung von 1830; vgl. oben Erster Abschnitt FN 57.

[161] Die Verfassung von 1918 (Artikel 100) sprach lediglich von Unternehmen, die von „autonomen Räten" zu verwalten seien, und von einer allgemeinen Kontrollfunktion, die der „Consejo Nacional de Administración" über diese autonomen Betriebe ausübte.

[162] Dazu zählen heute folgende Industrie- und Handelsbetriebe: Banco de la República Oriental del Uruguay; Banco Hipotecario del Uruguay; Banco de Seguros del Estado; Usinas y Teléfonos del Estado; Administración de Combustibles, Alcohol y Portland; Administración de los Ferrocarriles del Estado; Primeras Líneas Uruguayas de Navegación Aérea und Servicio Oceanográfico y de Pesca. Vgl. *Gros Espiell*, Esquema, S. 118 f.

[163] Dazu zählen heute: Administración Nacional de Puertos; Obras Sanitarias del Estado; Caja de Jubilaciones y Pensiones de la Industria y Comercio; Caja de Jubilaciones y Pensiones Civiles, Escolares, Servicios Públicos y Afines; Caja de Pensiones a la Vejez, de Jubilaciones y Pensiones Rurales y Personal de Servicio; Contralor de Importaciones y Exportaciones; Servicio Oficial de Difusión Radioeléctrica; Caja Nacional de Ahorro Postal; Consejo del Niño und Instituto Nacional de Viviendas Económicas.

[164] Vgl. *Sayagués Laso*, Tratado, Bd. 2, S. 217 ff.

[165] Consejo Nacional de Enseñanza Primaria y Normal; Consejo Nacional de Enseñanza Secundaria y Preparatorios; Universidad del Trabajo und Universidad de la República.

Enseñanza" (Unterrichts- und Erziehungsbehörden) bezeichneten Institutionen, gab die Verfassung von 1952 ein eigenes System, das dem staatlichen Bildungswesen in Uruguay eine weitgehende Selbstverwaltung einräumte[166].

Der Autonomie der Universität kommt dabei besondere Bedeutung zu[167]. Sie geht soweit, daß das uruguayische Universitätswesen in bezug auf den Lehr- und Verwaltungsbetrieb in keiner Form der Überwachung durch die Regierung oder das Parlament unterliegt[168]. Nach der Verfassung von 1952 wird die uruguayische Universität[169] von einem Universitätsrat verwaltet, der sich seinerseits aus Mitgliedern der verschiedenen Fakultätsräte zusammensetzt, die von Universitätslehrern, Assistenten und Studenten gleichermaßen gewählt werden[170].

II. Verstärkte Politisierung der öffentlichen Verwaltung

Die gleiche politische Absicht, die bei der Verteilung der Sitze im „Consejo Nacional de Gobierno" zum Ausdruck kam, stand auch hinter den Vorschriften der Verfassung von 1952, die die Zusammensetzung der Direktorien bzw. Verwaltungsräte der „Entes Autónomos" (Industriales y Comerciales) und der „Servicios Descentralizados" regelten. Die Mitglieder dieser Organe wurden vom Staatsrat ernannt[171]. Dabei

---

[166] Artikel 204—207; insbesondere Artikel 204 Abs. 1: «La Enseñanza Pública Superior, Secundaria, Primaria, Normal, Industrial y Artística, serán regidas por uno o más Consejos Directivos autónomos.»

[167] Bestrebungen, das Bildungswesen und insbesondere das Universitätswesen möglichst autonom zu machen, ließen die Universität immer mehr zu einer „República autónoma de la Universidad" werden. Vgl. J. Jiménez de Aréchaga, 1952, Bd. 3, S. 95.

[168] Vgl. Bericht der Sonderkommission des Repräsentantenhauses, a. a. O., S. 66: «...De la misma manera, la tutela administrativa ejercida por el Consejo Nacional de Gobierno sobre los entes descentralizados, no comprende a los organismos universitarios, que por su carácter autonómico especial, no están sometidos a contralor ni a tutela administrativa...»

[169] Die „Universidad de la República" in Montevideo hat 10 Fakultäten: Agronomía, Arquitectura; Ciencias Económicas y Administración; Derecho y Ciencias Sociales; Humanidades y Ciencias; Ingeniería y Agrimensura; Medicina; Odontología; Química y Farmacia und Veterinaria.

[170] Diese Drittel-Parität kennt die uruguayische Universität bereits seit dem Gesetz Nr. 9292 vom 2. März 1934. Es wurde dann von der Verfassung von 1952 übernommen: «El Consejo Directivo de la Universidad de la República será designado por los órganos que la integran, y los Consejos de sus órganos serán electos por docentes, estudiantes y egresados, conforme a lo que establezca la Ley...» (Art. 205 Abs. 2). Mit Gesetz Nr. 12549 vom 16. Oktober 1958 wurde die Universitätsgesetzgebung vervollständigt. Vgl. J. Jiménez de Aréchaga, 1952, Bd. 3, S. 97.

[171] Nach der Verfassung von 1918 (Art. 100) waren diese Ernennungen vom „Consejo Nacional de Administración" vorzunehmen, nach den Verfassungen

entfielen von den in der Regel 5 Direktions- bzw. Verwaltungsratssitzen 3 auf die im Staatsrat vertretene Mehrheitspartei und 2 auf die Minderheit (sog. „3 : 2-System")[172].

Die Zustimmung des Senats war hier nicht mehr erforderlich. Der „Consejo Nacional de Gobierno" hatte den Senat nur noch von den Ernennungen in Kenntnis zu setzen. Innerhalb einer bestimmten Frist konnte der Senat dann seinerseits diese Ernennungen mißbilligen. Wirkungslos blieben die Ernennungen aber nur, wenn der Senat einen solchen Beschluß mit wenigstens ³/₅ Mehrheit gefaßt hatte[173].

Nach jeder Wahl erfolgte so eine wahre Flut von Umbesetzungen[174] einträglicher Posten, Schaffung damit verbundener neuer Einflußmöglichkeiten und Vorteile politischer Art. Obwohl der Zuständigkeitsbereich jener Direktoren im allgemeinen unumstritten war, machten sich die nachteiligen Tendenzen dieses Systems — mehr oder weniger gute Beamte zu schaffen — immer stärker bemerkbar. Der Verteilungsmodus beschränkte sich nicht etwa auf die führenden Direktions- und Verwaltungsratsposten, sondern erstreckte sich bis auf die untersten Dienstgrade, wobei nicht selten weniger die Fähigkeiten als die Parteizugehörigkeit des oder der Betreffenden über die Einstellung entschieden[175]. Diese Gepflogenheiten, die der wirtschaftlichen Situation Uru-

---

von 1934 (Art. 183) und 1942 (Art. 180) vom Präsidenten selbst, der insoweit der vorherigen Billigung durch den Senat und der Zustimmung des Ministerrates bedurfte.

[172] Artikel 187 Satz 1: «Los Consejos o Directorios, cuando fueren rentados, se compondrán de cinco o siete miembros, según lo establezca la Ley en cada caso, y sus integrantes serán designados, en sesión del Consejo Nacional de Gobierno, tres a pluralidad de votos por la mayoría, y dos a pluralidad de votos por la minoría, en el primer caso, y cuatro y tres, respectivamente, en el segundo.» Diese Formel war unverblümt politischen Ursprungs. Sie institutionalisierte ein Abkommen („pacto del 3 y 2"), das die beiden großen Parteien bereits im Jahre 1943 getroffen hatten. Vgl. I. E. P. A. L., Uruguay, S. 66; Administración, S. 150; *J. Jiménez de Aréchaga*, a. a. O., S. 40 ff.

[173] Artikel 187 Satz 2 u. 3: «Estas designaciones se pondrán en conocimiento de la Cámara de Senadores, la que podrá efectuar, dentro de los quince días subsiguientes, observaciones sobre las condiciones personales, funcionales o técnicas de los designados para esos cargos. Si estas observaciones fueren formuladas por los tres quintos de componentes de dicha Cámara, las designaciones observadas quedarán sin efecto, debiendo efectuarse nuevo nombramiento en la forma antes establecida.»

[174] Dies wurde besonders deutlich, als die „Blancos" 1958 die bis dahin seit 1865, also über 93 Jahre, führenden „Colorados" ablösten. Auf Grund dieses Systems erhöhte sich nach den Wahlen von 1958 der Prozentsatz der Beamten, Diplomaten, Richter, usw., zugunsten der „Blancos". Vgl. I. E. P. A. L., Uruguay, S. 66 f.

[175] Die Folge davon war ein riesiger Beamtenapparat: Nach einer Zählung von 1961 waren über 25 % der arbeitenden Bevölkerung „empleados públicos". Vgl. Zahlenangaben bei I. E. P. A. L., Uruguay, S. 13 ff.; vgl. *Real*, Estructuras, S. 62, der an diesem System und seinen Auswüchsen schärfste Kritik übt; ferner *Gros Espiell*, Esquema, S. 152.

guays nicht gerade förderlich waren, herrschten aber nicht nur in den Kreisen der jeweils führenden Partei, sondern auch bei den Vertretern der Minderheitspartei, die insoweit als Partner und Nutznießer[176] fungierten, anstatt wachsame Opposition zu sein. Die Teilnahme der Opposition an der so immer mehr ausartenden Politisierung der Verwaltung und an den damit verbundenen Vorteilen und Vergünstigungen erschwerten zudem die eigentlichen Aufgaben der Opposition in Parlament und Regierung.

§ 6: Neuerungen im Bereich der richterlichen Gewalt

Abgesehen von einigen kleinen Unterschieden ist die richterliche Gewalt in Uruguay seit der Unabhängigkeit des Landes nach dem klassischen Vorbild in den westlichen Demokratien organisiert. Das Richteramt ist von den übrigen Gewalten unabhängig[177].

Wesentliche Neuerungen im Bereich der richterlichen Gewalt brachte die Verfassung von 1952 mit der Schaffung eines Verwaltungsgerichtshofes und einer Erweiterung der Zuständigkeiten des Wahlgerichts.

I. Der Verwaltungsgerichtshof

Die Zuständigkeit in Verwaltungsstreitigkeiten war bereits durch die Verfassung von 1934 einem „Tribunal de lo Contencioso-Administrativo" übertragen worden. Die Verfassung überließ aber die endgültige Schaffung dieses Verwaltungsgerichtshofes dem Gesetzgeber[178]. Diesem Verfassungsauftrag wurde aber in der Folgezeit nicht entsprochen. Auch die Verfassung von 1942 brachte insoweit keine Klärung[179]. Erst die Schöpfer der Verfassung von 1952 sollten diesem 17 Jahre alten Verfassungsauftrag nachkommen.

Der Errichtung eines Verwaltungsgerichts kam in Uruguay schon deshalb besondere Bedeutung zu, als es in diesem Land eine unerschütter-

---

[176] Die „Entes Autónomos" wie die „Servicios Descentralizados" waren für diejenigen, die aus den Wahlen als Verlierer hervorgegangen waren, eine Art Zufluchtsort. Vgl. *Real,* a. a. O., S. 67.

[177] Dessen ungeachtet setzten sich der Oberste Gerichtshof, der Verwaltungsgerichtshof und das Wahlgericht, deren Mitglieder von der „Asamblea General" gewählt werden (Art. 85 Ziff. 18 i. V. m. Art. 236, 308 u. 324), je nach der politischen Konstellation aus Vertretern der beiden großen Parteien zusammen. Vgl. I. E. P. A. L., Uruguay, S. 76.

[178] Artikel 271.

[179] Artikel 268, der den Artikel 271 der Verfassung von 1934 wörtlich übernahm: «Se establecerá, por Ley, un Tribunal de lo Contencioso-Administrativo, compuesto de tres miembros.»

liche Tradition zu sein schien, daß Akte der Verwaltung von einem Gericht nicht aufgehoben werden konnten. So bestand bis 1952 lediglich ein Gericht, das über mögliche Ersatzansprüche zu entscheiden hatte, die sich aus fehlerhaften Verwaltungsakten ergeben hatten, das die Verwaltungsakte selbst aber nicht aufheben konnte.

Die Verfassung von 1952 setzte diesem Mangel ein Ende, indem sie die Errichtung eines Verwaltungsgerichtshofes nicht erst wieder dem bis dahin insoweit untätigen Gesetzgeber überließ und selbst dieses Gericht schuf[180] und zugleich die Zuständigkeiten und die Organisation dieses Gerichts regelte[181].

Der Verwaltungsgerichtshof konstituierte sich unmittelbar nach Verkündung der Verfassung und befaßte sich sofort mit allen Verwaltungsakten, die nach dem 1. März 1952 ergangen waren[182]. Der Rechtsprechung dieses Gerichts unterlagen alle Verwaltungsakte der Zentralregierung, der „Entes Autónomos" und „Servicios Descentralizados" und der Departementsregierungen[183] wie auch Organstreitigkeiten, soweit sie nicht verfassungsrechtlicher Art waren[184]. Die Verfassung von 1952 beschränkte sich aber nicht darauf, dieses Gericht ins Leben zu rufen und seinen Aufbau zu regeln. Sie enthielt auch Vorschriften, die eine Art „Vorverfahren" regelten, das abgeschlossen sein mußte, bevor das Verwaltungsgericht selbst angerufen werden konnte[185].

Damit hatte die uruguayische Verfassung einen weiteren Schritt in Richtung auf eine Institutionalisierung des Verwaltungsrechts getan.

II. Das Wahlgericht (Corte Electoral)

Einige wichtige Änderungen brachte die Verfassung von 1952 auch in der Organisation der Wahlgerichtsbarkeit. Das Wahlgericht[186] der Ver-

---

[180] Artikel 307: «Habrá un Tribunal de lo Contencioso-Administrativo, el que estará compuesto de cinco miembros . . .»

[181] Vgl. Artikel 307—313; die 5 Mitglieder dieses Gerichts wurden wie die Mitglieder des Obersten Gerichtshofes (Suprema Corte de Justicia) von der „Asamblea General" ernannt. Vgl. Artikel 308 i. V. mit Artikel 236.

[182] Entsprechend der Übergangsvorschrift L der Verfassung von 1952: «El Tribunal de lo Contencioso-Administrativo se constituirá inmediatamente después de su designación y asumirá jurisdicción a partir del 1. de marzo de 1952.»

[183] Artikel 309.

[184] Vgl. Artikel 313.

[185] Artikel 317: «Los actos administrativos pueden ser impugnados con el recurso de revocación, ante la misma autoridad que los haya cumplido, dentro del término de diez días . . .» Artikel 319: «La acción de nulidad ante el Tribunal de lo Contencioso-Administrativo, no podrá ejercitarse si antes no se ha agotado la vía administrativa, mediante los recursos correspondientes.»

[186] Vgl. oben Erster Abschnitt FN 121.

fassung von 1952 hatte 9 Mitglieder, wovon 5 neutral und die restlichen 4 Vertreter der politischen Parteien waren[187].

Die Verfassung erweiterte[188] den Zuständigkeitsbereich dieses Gerichts, das nunmehr auch die Wahlen zum Parlament[189] und zum Staatsrat überwachte. So konnte das Wahlgericht der Verfassung von 1952 Wahlen ganz oder teilweise für ungültig erklären, bedurfte dazu aber einer Zwei-Drittel-Mehrheit, wobei wenigstens 3 oder 4 Parteienvertreter dieser Mehrheit angehören mußten[190].

§ 7: Erfahrungen mit dem System von 1952

Die Kritik an der neuen Verfassung, die ohne großen Rückhalt beim Volk entstanden war[191], setzte bald ein. Sie wurde ursprünglich von den politischen Gruppen vorgebracht, die schon immer erbitterte Gegner eines Kollegialsystems waren[192]. Die Kritik an dem System von 1952 verschärfte sich nach den Wahlen vom November 1954 und selbst die politischen Gruppen, die 1951 noch den Grundstein für die Verfassung gelegt hatten, hörten auf, dieses System zu verteidigen.

Bezeichnend in diesem Zusammenhang ist die Tatsache, daß seit 1960 alle Präsidenten des Staatsrates bei ihrem Amtsantritt — nicht zuletzt

---

[187] Artikel 324: «La Corte Electoral se compondrá de nueve titulares que tendrán doble número de suplentes. Cinco titulares y sus suplentes serán designados por la Asamblea General en reunión de ambas Cámaras por dos tercios de votos del total de sus componentes, debiendo ser ciudadanos que, por su posición en la escena política, sean garantía de imparcialidad. Los cuatro titulares restantes, representantes de los Partidos, serán elegidos por la Asamblea General, por el sistema del doble voto simultáneo, correspondiéndole dos a la lista mayoritaria del lema más votado y dos a la lista mayoritaria del lema que le siga en número de votos.» Die 4 Vertreter der politischen Parteien verteilten sich also — ähnlich wie bei der Besetzung des Staatsrates — auf die beiden stärksten Listen der beiden großen Parteien. Vgl. den kritischen Bericht der Minderheitskommission des Repräsentantenhauses vom 20. September 1951, abgedruckt in *Martins-Gros Espiell*, S. 80 f. Mit dieser Vorschrift übernahm die Verfassung von 1952 eine Regelung, die bereits durch Gesetz Nr. 11 004 vom 4. Dezember 1947 eingeführt worden war.

[188] Vgl. oben Erster Abschnitt FN 121 u. § 5 II 1 b.

[189] Die Zuständigkeit lag in den Verfassungen von 1934 (Artikel 278 i. V. m. Artikel 153) und 1942 (Artikel 275 i. V. m. Artikel 95 u. 152) noch bei den einzelnen Kammern selbst.

[190] Artikel 327: «La Corte Electoral podrá anular total o parcialmente las elecciones, requiriéndose para ello el voto conforme de seis de sus miembros, de los cuales tres, por lo menos, deberán ser de los miembros elegidos por dos tercios de votos de la Asamblea General.»

[191] Vgl. oben FN 17.

[192] Neben den kleinen Parteien zählten hierzu einige Fraktionen der „Colorados“, insbesondere die sog. „Unabhängigen Colorados“; vgl. *Manini Ríos*, Sinopsis de la evolución constitucional del Uruguay, in „Cuadernos de Síntesis“, Nr. 2, S. 34, Montevideo, 1967.

auf Grund ihrer unmittelbaren Regierungserfahrung — auf die Notwendigkeit einer Reorganisation der Regierung hinwiesen[193].

Die oft leidenschaftlich vorgetragene Kritik richtete sich sowohl gegen den Wortlaut als auch gegen die Anwendung der Verfassung. Ausgangspunkt dieser Kritik bildete dabei die verworrene Situation bei den großen, äußerst gespaltenen und undisziplinierten Parteien, der allgemeine Verfall des politischen Stils, das Fehlen eines politischen Gemeinsinns, das damit verbundene Ansteigen politischer Korruption und die zunehmende Macht der „pressure groups" gegenüber einem deutlichen Mangel an Autorität und einer einheitlichen Orientierung auf Regierungsebene. Dies alles führte zu einem Mißverhältnis zwischen Parlament und Regierung und beschwor, besonders in Zeiten wirtschaftlicher und sozialer Krisen, die Gefahr einer Anarchie herauf[194].

Es dürfte daher wenig Sinn haben, das uruguayische Verfassungssystem von 1952, und hier insbesondere das Kollegial-System, mit rein juristischen Erwägungen zu beurteilen. Eine sinnvolle Würdigung verlangt gerade in Uruguay eine Berücksichtigung der politischen Wirklichkeit des Landes und damit eine genaue Analyse der praktischen Erfahrungen, die man während der Geltung der Verfassung von 1952 gemacht hat.

Eine solche Analyse zeigt Mißstände auf, die zum großen Teil Mängel der allgemeinen politischen Struktur des Landes und nicht des Verfassungssystems waren[195]. Die Schwerfälligkeit und Unentschlossenheit, die für die Tätigkeit der Regierungen nach 1952 kennzeichnend waren[196], sind keine notwendigen Begleiterscheinungen einer kollegialen Regierungsform[197]. Die Erfahrungen mit dem Schweizer Kollegialsystem sind ein deutlicher Beweis dafür.

Es ist sicher, daß das Kollegialsystem der Verfassung von 1952 alle diese extremen, negativen Erscheinungen, die die politische Wirklichkeit in Uruguay über 15 Jahre gezeigt hat, mehr ermöglicht und begünstigt hat, als es vorher beim Präsidialsystem der Fall war. Andererseits ist es

---

[193] Vgl. *Gros Espiell*, El proceso de la reforma constitucional, in *Cuadernos* Nr. 19, S. 12.

[194] Vgl. *Real*, Estudio Preliminar zur Verfassung von 1967, S. X, Montevideo, 1966.

[195] Vgl. *Gros Espiell*, Las Constituciones, S. 120 f.

[196] Grund dafür war wohl in erster Linie der schwerfällige Mechanismus des Geschäftsbetriebes im „Consejo Nacional de Gobierno": Plenarsitzungen konnten nur an bestimmten Tagen, ein- oder zweimal pro Woche, einberufen werden. Voraus gingen dazu noch häufig außerordentliche Sitzungen der Staatsräte der Mehrheitspartei, so daß die Regierung fast immer zu spät kam, über wichtige Fragen zu beraten und zu entscheiden. Vgl. *Real*, a. a. O.

[197] Vgl. *Cassinelli Muñoz*, La acción del Gobierno en la constitución de 1967, in I. E. P. A. L., Alcances, S. 34.

aber nicht weniger sicher, daß jene negativen Erscheinungen weniger auf die Verfassungsstruktur als auf die anhaltende Strukturkrise der beiden großen Parteien zurückzuführen waren, die diese hinderte, dem politischen Geschehen den gewünschten Nachdruck zu verleihen. Die in sich vielfach gespaltenen Parteien konnten nicht in der Lage sein, eine aktionsfähige Regierung zu tragen. Vor allem dies wirkte sich auf das Verhältnis zwischen Parlament und Regierung nachteilig aus. In den seltensten Fällen fand die Regierung die erforderliche Unterstützung des Parlaments. Dies war einmal eine Folge der starken Spaltungstendenzen innerhalb der beiden großen Parteien und zum anderen auf das originelle Wahlsystem[198] zurückzuführen, das die Regierungsmehrheit einer Gruppe zusprach, die im Parlament kaum über 30 % der Sitze verfügte. Während die Mehrheit im Staatsrat lediglich von der größten Fraktion der stärksten Partei gestellt wurde[199], waren im Parlament alle Fraktionen proportional vertreten, so daß die Staatsratsmehrheit im Parlament regelmäßig eine Minderheit bildete.

So war die Staatsratsmehrheit im Parlament auf den Teil ihrer Partei angewiesen, der nicht im „Consejo Nacional de Gobierno" vertreten war. Dieser restliche Teil zog es oft vor, sich gegen die im Staatsrat vertretene Fraktion[200] zu stellen[201].

Innerhalb der — allerdings sehr gespaltenen und kaum noch homogenen — beiden großen Parteien fehlte es somit an der für eine fruchtbare Regierungs- und Gesetzgebungstätigkeit erforderlichen Aktionseinheit. Die Ernennung von Ministern aus den Reihen des nur im Parlament vertretenen Teils der Mehrheitspartei war stets nur ein sehr relatives Mittel, da diese Minister von ihrer Fraktion einfach zurückgezogen wurden, wenn die Hoffnung bestand, so — aus einer vermeintlich oppositionellen Position heraus — Wahlerfolge erzielen zu können. Auf diese Weise lähmte das Parlament nicht nur die Tätigkeit dieser Minister, sondern die der gesamten Regierung.

Selbst die Regelung der Verfassung, wonach der Liste, auf die innerhalb der stärksten Partei die meisten Stimmen entfallen waren, sechs von neun Staatsratssitzen zustanden, in der Absicht, so eine solide Regierungsmehrheit zu schaffen, ist von Wahlabsprachen verschiedener Gruppen derselben Partei immer entkräftet worden[202]. So entstand oft

---

[198] Vgl. oben § 2 I 2.
[199] Artikel 151.
[200] Auch hier wird mit „Fraktion" nicht eine Gruppe gemeint, die z. B. einer Parlamentsfraktion im deutschen Bundestag entspricht, sondern lediglich eine der oft zahlreichen Untergruppen innerhalb einer der beiden großen uruguayischen Parteien. Vgl. oben Erster Abschnitt § 4 III 2.
[201] Vgl. *Real*, Neoparlamentarismo, S. 77.
[202] Vor den Wahlen von 1962 waren so die beiden „Blanco"-Gruppen

eine Regierungsmehrheit, die zwar von Fraktionen einer einzigen Partei getragen wurde, deren politische Vorstellungen — besonders nach den Wahlen — aber nicht selten weit auseinandergingen. Dies bewirkte eine zusätzliche Lähmung der Regierungstätigkeit.

Was das Ansehen der Verfassung von 1952 aber am meisten beeinträchtigte, war die vom Kollegialsystem begünstigte verstärkte Politisierung der gesamten öffentlichen Verwaltung[203], die das ihre zur Schwächung des gesamten Staatsapparates beitrug. Zerrüttung und Verfall des politischen Lebens, begleitet von einer zunehmenden Korruption, waren die Folgen. Das System, nach dem die Direktorien und Verwaltungsräte der Staatsbetriebe (Entes Autónomos und Servicios Descentralizados) besetzt wurden, schadete auch den Gesellschaften, die in einem so interventionistischen Staat wie Uruguay eine entscheidende Stellung einnehmen. Die wachsende Politisierung dieser Gesellschaften hat zu ihrem wirtschaftlichen Verfall und damit auch zu der allgemeinen Wirtschaftskrise des Landes entscheidend beigetragen[204].

Obwohl man sich in Uruguay bewußt war, daß der erwünschte Wechsel in erster Linie wohl nur über eine grundlegende Änderung der gesamten politischen Struktur des Landes erreicht werden konnte, sah man in einer Änderung der Verfassungsstruktur die entscheidende Voraussetzung für einen solchen Wechsel[205].

Alles in allem hatte sich das mit der Verfassung von 1952 geschaffene System als nicht zweckmäßig erwiesen.

„Unión Blanca Democrática" und „Haedo" in Form einer einheitlichen Liste ein Wahlbündnis eingegangen, das ihnen die Mehrheit (2 Sitze für die Gruppe „Haedo" und 4 Sitze für die U. B. D.) im Staatsrat verschaffte. In diesem Fall hatte also nicht einmal die Regierungsmehrheit eine einheitliche politische Richtung.

[203] Vgl. oben § 5 II.

[204] Seit etwa 1954 erlebt die Republik Uruguay seine bisher schwerste Wirtschaftskrise. Vgl. I. E. P. A. L., Uruguay, S. 7. Andere legen den Beginn der Krise in das Jahr 1956; vgl. *Faraone*, S. 95 ff.

[205] Vgl. *Gros Espiell*, La experiencia del Poder Ejecutivo Colegiado en el Uruguay, zit. b. dems., El proceso de la reforma constitucional, in *Cuadernos* Nr. 19, S. 14 f.

Dritter Abschnitt

Die Verfassung von 1967

§ 1: Der Weg zur Verfassungsreform

Die Umstände[1], unter denen die Verfassung von 1952 entstanden war, und die lebhafte Kritik, die bald nach Inkrafttreten dieser Verfassung einsetzte, ließen schon früh erkennen, daß sich in absehbarer Zeit die Frage einer Verfassungsreform erneut stellen würde[2].

I. Die ersten antikollegialistischen Reformprojekte

So setzten nach den Wahlen von 1954 insbesondere in den Reihen der beiden großen Parteien die ersten intensiven Bestrebungen ein, die eine schnelle Ablösung des Kollegialsystems zum Ziel hatten.

Diese Bestrebungen fanden bereits 1958 in zwei Reformentwürfen ihren Niederschlag: Der erste dieser Entwürfe[3] sah eine Rückkehr zum Präsidentialsystem der Verfassung von 1942 vor mit dem Unterschied, daß Regierung und Parlament getrennt und ohne gemeinsamen „lema" gewählt werden sollten. Des weiteren wollte dieses Projekt zahlreiche Staatsbetriebe abschaffen in der erklärten Hoffnung, so vielleicht die wirtschaftliche Situation des Landes verbessern zu können. Auch der zweite Entwurf[4] wollte das „Colegiado Integral"[5] von 1952 abschaffen

---

[1] Hierzu zählen einmal die denkbar knappe Mehrheit, die die Verfassung in der Volksabstimmung von 1951 erhalten hatte (vgl. oben Zweiter Abschnitt FN 17), wie auch die Umstände jenes politischen Abkommens (vgl. oben Zweiter Abschnitt § 1), das schließlich zur Verfassungsreform geführt hatte.

[2] Vgl. *Gros Espiell*, El proceso de la reforma constitucional, in *Cuadernos* Nr. 19, S. 9.

[3] Dieser Entwurf stammte aus den Reihen des sog. „herreristischen" Flügels des „Partido Blanco", der sog. „unabhängigen Colorados" und der sog. „Ruralisten" unter *Nardone*. Vgl. *Manini Ríos*, Sinopsis de la historia constitucional del Uruguay, in „Cuadernos de Síntesis", Nr. 2, S. 35, Montevideo, 1967.

[4] Vorgelegt von der „Unión Cívica", dem späteren „Partido Demócrata-Cristiano"; vgl. *Manin Ríos*, a. a. O.; *Gros Espiell*, a. a. O., S. 10.

[5] So bezeichnet die uruguayische Verfassungslehre das Kollegialsystem von 1952 im Gegensatz zum „Teil-Colegiado" der Verfassung von 1918.

und an die Spitze von Staat und Regierung wieder einen Präsidenten stellen. Indessen erzielte keiner der beiden Entwürfe im Volksentscheid vom 30. November 1958 die erforderliche Mehrheit[6]. 1962 unternahmen Teile der „Blanco"-Partei[7] einen erneuten Anlauf zu einer antikollegialistischen Verfassungsreform[8]. Aber auch dieser Entwurf wurde im Volksentscheid vom 25. November 1962 verworfen.

II. Die Reformbewegung von 1966

In der Folgezeit verstärkten sich die Bestrebungen, die Verfassung von 1952 zu ändern.

1. Der Entwurf der „Blancos"

Den ersten Schritt in diese Richtung unternahm der „Partido Nacional" (Blanco), der am 28. April 1966 der „Asamblea General" einen Entwurf zuleitete, der von fast allen „Blanco"-Abgeordneten unterzeichnet war[9]. Dieser Entwurf hatte ausgesprochen antikollegialistische Züge und baute auf den Entwürfen von 1958 und 1962 auf.

2. Der Entwurf der „Colorados"

Verschiedene Gruppen des „Partido Colorado" hatten ihrerseits am 24. Mai 1966 ebenfalls einen Reformentwurf vorgelegt[10], der — wie der Entwurf der „Blancos" — das Kollegialsystem wieder durch ein Präsidialsystem ersetzen wollte[11].

---

[6] Vgl. Artikel 331 B Abs. 2 der Verfassung von 1952, wonach diese Projekte jeweils der absoluten Mehrheit der abgegebenen Stimmen und zugleich mindestens 35 % der Stimmen aller Wahlberechtigten bedurften.

[7] „Herreristas" und „Ruralistas".

[8] Veröffentlicht in der Montevideaner Morgenzeitung „El Debate" vom 3. März 1962.

[9] In Übereinstimmung mit Artikel 331 B der Verfassung von 1952, wonach $2/5$ aller Mitglieder der „Asamblea General" einen solchen Entwurf vorlegen konnten.

[10] In Übereinstimmung mit Artikel 331 A Abs. 1 der Verfassung von 1952, wonach ein Reformprojekt zum Volksentscheid gelangen konnte, wenn vorher mindestens 10 % aller Wahlberechtigten einem solchen Projekt — in Form einer Initiative — mit ihrer Unterschrift die Zustimmung gegeben hatten. Wieviele Unterschriften tatsächlich auf die einzelnen Projekte entfallen sind, ist in Anbetracht der in Uruguay bei solchen Aktionen üblichen Manipulationen nicht festzustellen.

[11] Am 31. Juli 1965 hatte bereits der Verfassungsrechtler J. Jiménez de Aréchaga im Namen seiner Fraktion (Partido Colorado, Batllismo, Liste 10) in der Montevideaner Morgenzeitung „La Mañana" Grundzüge für eine Verfassungsreform veröffentlicht, die aber das Kollegialsystem beibehalten wollten.

Der bedeutendste Unterschied zwischen dem Entwurf der „Blancos"
und dem der „Colorados" lag in der unterschiedlichen Stellung des Präsidenten. Während der Präsident des „Blanco"-Entwurfes nicht gestürzt
werden konnte, obwohl er seinerseits das Parlament unter bestimmten
Voraussetzungen auflösen konnte, sollte der Präsident des „Colorado"-
Entwurfes gestürzt werden können, wenn das von ihm aufgelöste Parlament nach der Neuwahl das Mißtrauensvotum gegen einen oder mehrere Minister aufrechterhielt.

3. Der Entwurf der Kommunisten

Ein dritter Entwurf kam aus den Reihen des uruguayischen Kommunismus[12]. Obwohl auch dieser Entwurf das Kollegialsystem der Verfassung von 1952 abschaffen wollte[13], unterschied er sich in wesentlichen
Punkten von den beiden anderen Projekten. Dieser Entwurf, dem allein
auf Grund der für ihn ungünstigen Machtverhältnisse keine Chancen
eingeräumt werden konnten, enthielt in erster Linie programmatische
und propagandistische Erklärungen und Forderungen[14], die sich auf die

---

[12] Unter der Bezeichnung „Movimiento de Trabajadores y sectores popu-
lares pro reforma constitucional" fanden sich hier die Kommunistische Partei Uruguays, die castristische „Frente Izquierda de Liberación" (Fidel) und die
kommunistisch beeinflußten Gewerkschaften. Auch dieser Entwurf sollte in
Übereinstimmung mit Artikel 331 A Abs. 1 bei den nächsten Wahlen zum
Volksentscheid gelangen, nachdem auch hier 10 % der Wahlberechtigten diesem Entwurf durch ihre Unterschrift ihre Zustimmung gegeben hatten.

[13] Nach diesem Entwurf sollte die Regierungsgewalt in den Händen eines
Staatsrates („Consejo de Estado") liegen, dessen Vorsitz ein Staatspräsident
ausüben sollte. Rein äußerlich entsprach diese Mischform damit dem Regierungssystem von 1918.

[14] Artikel 6: «La República Oriental del Uruguay repudia la guerra como
instrumento para resolver controversias internacionales...» Artikel 32:
«Toda la riqueza del país, sea quien fuere su propietario, está subordinada
a los intereses de la economía nacional y afectada al sostenimiento de los
cometidos del Estado... Con el fin de conseguir la racional explotación de
la tierra y establecer relaciones sociales equitativas, se prohibe el latifundio.
Ninguna persona física o jurídica de derecho privado, con exepción de las
Cooperativas autorizadas por ley podrán ser propietarias de predios o explo-
tarlos en cualquier carácter, cuando su área total exceda los límites máximos
que la ley establecerá por cada zona del país. Dichos límites máximos en
ningún caso podrán sobrepasar las 2500 hectáreas...» Artikel 36: «...La ley
dispondrá las medidas necesarias para hacer efectiva la nacionalización de los
bancos privados...» Artikel 67: «El monte de la Jubilación no podrá ser
inferior al 85 % de la asignación en actividad...» Artikel 70: «Son obliga-
torias la enseñanza primaria y la enseñanza media en cualquiera de sus ramas
secundaria, normal, industrial, agraria o artística...» Artikel 187: «Los
Consejos o Directorios de los Entes Autónomos y de los Servicios Descentralizados... se integrarán con cinco miembros, designados de la manera siguiente: A) tres miembros elegidos por la Asamblea General...; B) dos miembros elegidos por el personal del ente o servicio.»

Wiedergabe spektakulären kommunistischen Gedankengutes beschränkten ohne erkennbare Berücksichtigung der besonderen uruguayischen Verhältnisse. Mehr als eine Art propagandistisches Manifest des im übrigen geschwächten uruguayischen Kommunismus[15] konnte und wollte dieser Entwurf wohl auch nicht sein.

4. Der Kompromißentwurf

Da die reformwilligen Teile der beiden großen Parteien einsahen, daß bei einem Volksentscheid wohl keiner ihrer beiden Reformvorschläge die erforderliche Mehrheit erreichen würde, war man bemüht, sich auf ein gemeinsames Projekt zu einigen. Obwohl die beiden Projekte der „Blancos" und „Colorados" sich nur geringfügig voneinander unterschieden, waren die Schwierigkeiten auf dem Wege zu einem gemeinsamen Entwurf zunächst größer als erwartet, zumal es für beide Gruppen eine Prestigeangelegenheit zu sein schien, wessen Entwurf später das geltende System ablösen sollte. Da man diese Schwierigkeiten in den Reihen der beiden großen Parteien sah, war man hier bereits früh um eine originelle Lösung des Problems bemüht, die es erlauben sollte, alle Projekte zum Volksentscheid zu bringen, ohne dabei das Risiko einzugehen, vielleicht nicht die erforderliche Mehrheit für einen der Entwürfe zu erhalten. Dieser Lösungsweg sah die interessante Möglichkeit

---

[15] Bei der „Frente Izquierda de Liberación" (*Fidel*) handelte es sich um eine Gruppe der äußeren Linken, die mit ihrem abgekürzten Namen eine propagandistische Assoziation zu Fidel Castro herleiten wollte. Die strenge Kontrolle der uruguayischen KP über diese „Linke Befreiungsfront" ließ 1966 den Versuch einer Volksfront scheitern. Trotz der beachtlichen Wahlerfolge, die diese Gruppe im Vergleich zur uruguayischen KP der früheren Jahre hatte (vgl. *Puhle*, S. 62), konnte keine Übereinstimmung zwischen dem orthodoxen Kommunismus und den propagandistischen Bemühungen und der unstreitigen Popularität des Castrismus in den Jahren 1961—1962 erreicht werden. Eines der aktivsten Betätigungsfelder hatte die *Fidel* in einigen Arbeiter- und Studentenzentren. Unter den jungen Mitgliedern der KP bildete sich inzwischen eine „chinesische" Richtung, die zwar zahlenmäßig schwach, aber politisch sehr aktiv ist und die der offiziellen Parteirichtung vor allem gegenüber der Regierung Weichlichkeit und Schwäche vorwirft. Dieser „politische Frieden" mit dem Kommunismus ist für Uruguay bedeutend. Denn in der internationalen kommunistischen Strategie spielt dieses Land die Rolle eines Brückenkopfes, der ruhig gehalten werden soll. So hinderte die wiederholte Ausweisung sowjetischer Diplomaten die Sowjetunion nicht, Uruguay regelmäßig Wirtschaftshilfe zufließen zu lassen. Die insoweit begründete Besorgnis hat in den Reihen des uruguayischen Kommunismus zu oft merkwürdigem Verhalten geführt. Bei den nicht gerade seltenen Unruhen der letzten Jahre nahmen die konsequenteste und schärfste Haltung nicht etwa die Kommunisten ein, sondern parteilose Gruppen der „Izquierda Universitaria", die man meint, wenn man in Uruguay von der „Universität" spricht. Vgl. I. E. P. A. L., Uruguay, S. 71 f. Vgl. auch oben Zweiter Abschnitt FN 37 u. 38.

vor, nach der der Wähler sich zunächst grundsätzlich für eine Verfassungsreform aussprechen konnte, um dann schließlich und zugleich die Möglichkeit zu haben, sich für das eine oder andere Projekt zu entscheiden. Die für eine Verfassungsreform erforderliche Mehrheit wäre dann danach zu berechnen gewesen, wieviele Stimmberechtigte sich überhaupt für eine Verfassungsreform entschieden hätten. Die erforderliche Mehrheit wäre also bei Anwendung dieses Systems ohne Schwierigkeiten erreicht worden. Auf der anderen Seite hätte der Abstimmende zugleich die Möglichkeit gehabt, sich mit seinem allgemeinen Votum für eine Reform gemäß dem ihm genehmen Entwurf zu entscheiden. Die Parteien hätten sich in diesem Fall also nicht erst auf ein gemeinsames Projekt zu einigen brauchen.

Diese originelle Möglichkeit des „doble voto por sí" (doppeltes „ja") ließ das uruguayische Wahlgericht jedoch nicht zu[16], so daß die Bemühungen um einen gemeinsamen Entwurf wieder einsetzten.

So konstituierte sich auf Initiative der beiden großen Parteien im Jahre 1966 ein außerparlamentarischer Ausschuß, dem Vertreter der „Blancos", der „Colorados" und der Christlichen Demokraten angehörten. Dieser Ausschuß erarbeitete die Grundzüge eines Entwurfes, der als Kompromiß zwischen den beiden Projekten der „Blancos" und „Colorados" gedacht war.

Der Kompromißentwurf[17], auf den sich Vertreter der beiden großen Parteien in weiteren interfraktionellen Gesprächen schließlich einigten, wurde der „Asamblea General" mit den Unterschriften von 68 Abgeordneten zugeleitet[18]. Die Debatte über diesen vorbereiteten Kompromißentwurf begann am 16. August und endete nach heftigen und nicht selten unsachlichen Diskussionen am 24. August 1966, als die „Asamblea General" diesen Entwurf nach verschiedenen Änderungen schließlich mit 70 gegen 9 Stimmen[19] billigte.

---

[16] Entscheidung der „Corte Electoral" vom 25. 5. 1966. Später hatte eine Gruppe der „Blancos", die dem Kompromißentwurf ihre Zustimmung versagten, den Entwurf eines Verfassungsgesetzes vorbereitet, mit dessen Hilfe das „doble voto por sí" doch noch zugelassen werden sollte. Dieser Entwurf stieß aber auf den Widerstand der reformwilligen „Colorados" und eines großen Teils der „Blancos", so daß er dem Parlament erst gar nicht vorgelegt wurde. Vgl. *Gros Espiell*, a. a. O., S. 29.
[17] Die Grundzüge dieses Entwurfes hatte der Ausschuß gegen die Stimmen der Christlichen Demokraten am 26. Juli 1966 gebilligt.
[18] Gem. Artikel 331 A Abs. 2 der Verfassung von 1952 konnte auch die „Asamblea General" — mit einfacher Mehrheit — Reformprojekte erarbeiten, die gemeinsam mit weiteren Entwürfen zum Volksentscheid gelangen konnten.
[19] Die restlichen Mitglieder der „Asamblea General" (gemeinsame Versammlung von 31 Senatoren und 99 Repräsentanten) hatten das Parlament bereits am 17. August 1966 aus Protest verlassen. Unter ihnen befand sich

III. Der Volksentscheid vom 27. November 1966

Zum Volksentscheid am 27. November 1966 standen somit folgende vier Reformprojekte:

a) Der Entwurf der „Blancos", unter der Bezeichnung „reforma gris"[20];

b) der Entwurf der „Colorados", unter der Bezeichnung „reforma rosada"[20];

c) der kommunistische Entwurf, unter der Bezeichnung „reforma amarilla"[20] und

d) der Kompromißentwurf als „reforma naranja"[20].

Da über die vorliegenden Verfassungsentwürfe zugleich mit den allgemeinen Wahlen entschieden werden sollte, waren an jenem 27. November 1966 an den uruguayischen Wähler hohe Anforderungen gestellt, denn er hatte nun nicht nur zwischen der großen Anzahl von „lemas", „sublemas" und „listas" zu unterscheiden, sondern auch zwischen fünf verschiedenen Verfassungssystemen, das geltende eingeschlossen[21]. Dennoch verliefen Wahl und Volksentscheid reibungslos in der für Uruguay gewohnten freiheitlichen, demokratischen Atmosphäre[22].

Wie zu erwarten, erhielt die „reforma naranja" die erforderliche Mehrheit[23], während die übrigen Entwürfe verworfen wurden[24].

Das eindeutige Votum für die „reforma naranja" spiegelte die antikollegialistische Haltung innerhalb der uruguayischen Öffentlichkeit

---

auch der Präsident der AG, der als erklärter Gegner des Kompromißentwurfes vergeblich versucht hatte, diesen Entwurf bereits im Parlament zu Fall zu bringen.

[20] Nach der Entscheidung des Wahlgerichts vom 7. 9. 1966 wurde zur Vereinfachung des Wahlaktes zwischen vier verschiedenfarbigen Stimmzetteln unterschieden: „gris" (grau) für den Entwurf der „Blancos"; „rosada" (rosa) für den Entwurf der „Colorados"; „amarilla" (gelb) für den der Kommunisten und „naranja" (orange) für den Kompromißentwurf.

[21] Einige Gruppen waren dazu übergegangen, dem Wähler nur Kandidaten für ein Präsidentialsystem zu benennen, wohl weniger, um dem Wähler die Auswahl in dem Berg von Wahlzetteln zu erleichtern, als vielmehr ihn dazu zu veranlassen, für das Präsidentialsystem und gegen das geltende Kollegialsystem zu stimmen.

[22] Vgl. die treffende Schilderung bei *Puhle*, S. 61 f.

[23] Bei 1 658 368 Wahlberechtigten und bei 1 231 762 abgegebenen Stimmen entfielen nach der Erklärung der „Corte Electoral" vom 31. 1. 1967 auf die „reforma naranja" 702 043 Stimmen. Damit hatte dieser Entwurf die von der Verfassung vorgeschriebenen Voraussetzungen (absolute Mehrheit der abgegebenen Stimmen und 35 % der Stimmen der Wahlberechtigten) erfüllt.

[24] Auf die „reforma gris" entfielen 161 542 Stimmen, auf die „reforma amarilla" 81 474 und auf die „reforma rosada" noch 1025 Stimmen, obwohl die große Mehrheit der „Colorado"-Partei diesen Entwurf zugunsten der „reforma naranja" fallen gelassen hatte. 285 678 Wähler gaben keinen der vier Stimmzettel ab und entschieden sich damit für die Beibehaltung des Kollegialsystems.

wider, auch wenn dieses Votum nicht nur auf die jahrelangen schlechten Erfahrungen mit dem Kollegialsystem zurückgeführt werden kann. Dieses Votum war wohl auch das Ergebnis einer gezielten Politik, die es verstanden hatte, bei den Wählern den Eindruck entstehen zu lassen, daß die Hauptgründe für die politische und wirtschaftliche Krise, die Uruguay — bis heute — durchlebt, in erster Linie verfassungsrechtlicher Art seien.

Die „reforma naranja" wurde am 1. Februar 1967 vom Präsidenten der „Asamblea General" als neue uruguayische Verfassung verkündet[25] und trat am 15. Februar desselben Jahres in Kraft[26].

§ 2: Überblick

Die uruguayische Krise[27], treibende Kraft innerhalb der Verfassungsreformbestrebungen, hatte ein Großteil dazu beigetragen, daß das uruguayische Volk seinen Glauben in die politischen Institutionen und in diejenigen verlor, die es in diese Institutionen gewählt hatte. Die Väter der Verfassung von 1967 sahen daher eine der vordringlichsten Aufgaben der neuen Verfassung darin, den Glauben in die uruguayische Demokratie neu zu beleben[28].

1. Dies sollte nicht nur durch eine Veränderung der Regierungsstruktur, sondern vor allem durch Neuregelungen erreicht werden, die geeignet sein sollten, die gesamte politische Struktur des Landes zu verbessern und so die negativen Erscheinungen des Kollegialsystems vergessen zu machen:

a) Die neue Verfassung betont unter Strafandrohung das Verbot für die führenden Beamten, Richter, Soldaten und die Polizei[29], sich außer bei den allgemeinen Wahlen in irgendeiner Form politisch zu betätigen (Artikel 77 Ziffer 4).

---

[25] „Diario Oficial", Nr. 17 526 vom 2. 2. 1967.
[26] Gem. Sondervorschrift A) der neuen Verfassung; die Abschnitte VIII, IX, X, XI und XVI traten gem. Sondervorschrift B) erst am 1. März 1967 in Kraft.
[27] Vgl. für viele I. E. P. A. L., S. 7 f.; zusammenfassende Darstellung bei *Puhle*, S. 14 f.
[28] Vgl. *Sanguinetti—Pacheco Seré*, S. 27; manche negative Erscheinung des uruguayischen Verfassungssystems, wie insbesondere das „lema"-System, blieb aber unverändert.
[29] Wie auf anderen Gebieten, so ist auch die uruguayische Polizei fast immer von der politischen Gruppe abhängig, die sich jeweils an der Macht befindet. Die politische Bedeutungslosigkeit des uruguayischen Militärs, das bis in die jüngste Zeit in Lateinamerika zweifellos eine Ausnahmestellung einnahm, und das in Montevideo sehr gespannte soziale und politische Klima hatten den Einfluß der Polizei zunächst verstärkt. Dabei hat ihr oft ener-

b) Dem Staatspräsidenten sind gewisse parteipolitische Betätigungen, die mit dem Charakter seines Amtes nicht vereinbar sind, verboten. So darf er keinem „club político" oder einer politischen Kommission angehören, noch darf er sich parteipolitisch an führender Stelle betätigen, auch darf er sich in keiner Form an politischer Wahlpropaganda beteiligen (Artikel 77 Ziffer 5).

c) Gemäß Artikel 77 Ziffer 9 können bei den Wahlen nunmehr getrennte Stimmzettel für die nationalen und für die Departements-Wahlen abgegeben werden. Die Listen, für die sich der Wähler entscheidet, müssen aber ein- und derselben Partei („lema") angehören[30].

d) Die Verfassung will die Parteien zwingen, ihre Funktionäre nach demokratischen Grundsätzen von ihren Mitgliedern wählen zu lassen und ihre Satzungen und Programme der Öffentlichkeit zugänglich zu machen (Artikel 77 Ziffer 11).

e) Artikel 79 Absatz 2 führt den Volksentscheid gegen Gesetze und die Volksinitiative im Gesetzgebungsverfahren ein. Diese Institute, die mit einigen Instituten der direkten Demokratie in der Schweizer Verfassung[31] verglichen werden können, stärken die politische Stellung des uruguayischen Wählers erheblich, der so die Gesetzgebungstätigkeit seiner Abgeordneten überwachen kann.

f) In der neuen Verfassung findet sich nicht mehr die anachronistische Vorschrift, nach der dem einfachen Soldaten die Bürgerrechte nicht zuerkannt waren[32]. Mit der geheimen Wahl und dem politischen Betätigungsverbot für alle aktiven Soldaten (s. o.), ist diese Vorschrift gegenstandslos geworden.

g) Die uruguayischen Abgeordneten dürfen neben ihrer Aufwandsentschädigung keine weiteren finanziellen oder sonstigen Zuwendungen erhalten (Artikel 117). Mit dieser Regelung versucht die neue Verfassung einige üble Praktiken der Vergangenheit zu beseitigen.

h) Während die Verfassung von 1952 den personalpolitischen Wünschen der beiden großen Parteien sehr entgegenkam, verringert das System von 1967 die politischen Positionen. Von der Regierung, an deren Spitze an die Stelle von neun Staatsräten nunmehr wieder ein Präsident getreten ist, bis zu den Staatsgesellschaften (Entes Autónomos und Ser-

---

gisches Einschreiten sie mancher Sympathien in der Bevölkerung beraubt. Vgl. I. E. P. A. L., Uruguay, S.67 f. Erst seit dem ursprünglichen Versagen der Polizei bei der Bekämpfung des linksextremen Untergrundes („Tupamaros") spielt das Militär im politischen Leben Uruguays eine größere Rolle.

[30] Es bleibt dem uruguayischen Wähler also weiterhin verwehrt, auf nationaler und auf Departementsebene für verschiedene „lemas" zu stimmen.

[31] Vgl. z. B. Artikel 89 der Schweizerischen Bundesverfassung.

[32] Zuletzt Artikel 80 Ziffer 2 der Verfassung von 1952.

vicios Descentralizados), deren Direktorien zum Teil erheblich verringert werden[33], macht sich so eine Verminderung politischer Gunst bemerkbar.

i) Die Verfassung von 1967 schafft das heftig kritisierte „3 : 2"-System[34] ab. Dieses System, das die Besetzung der Direktorien in den Staatsgesellschaften nach einer festen Quote regelte[35], hatte den Staat zu einer Art „philantropischer Gesellschaft für Politiker mittlerer Güte"[36] werden lassen. In dieser Gesellschaft waren für alle diejenigen gutbezahlte Posten vorhanden, die parlamentarische Sitze verloren hatten oder gar nicht erst gewinnen konnten. Die Abschaffung dieses Systems, Symbol der uruguayischen „politiquería"[37], soll ein entscheidender Schritt in Richtung auf eine Entpolitisierung und damit Stärkung der uruguayischen Verwaltung sein.

2. Obwohl die Abneigung gegen die sonst in den lateinamerikanischen Ländern nicht eben seltenen „Caudillos" 1952 in Uruguay vielleicht dazu geführt hatte, das damals geltende Präsidentialsystem durch ein Kollegialsystem zu ersetzen, sehen viele[38] in der Verfassung von 1967, die wieder einen einzelnen Präsidenten an die Spitze des Staates stellt, das — zumindest derzeit — beste Mittel, mögliche Ansätze einer Militärdiktatur lateinamerikanischer Prägung von vornherein auszuschließen. Über eine Stärkung der Exekutive will die neue Verfassung der unter dem System von 1952 immer stärker gewordenen Anarchie ein Ende setzen und dem aufgeblähten und leistungsschwachen Verwaltungsapparat neue Impulse verleihen. Diese Stärkung[39] ergibt sich:

a) aus einer Strukturveränderung der Regierungs- und Staatsführung, deren kollegiale Organisation in der Verfassung von 1952 vielfältige Tendenzen zuließ, die das uruguayische Regierungssystem erheblich schwächten;

b) aus einer Verlängerung der Wahlperiode von 4 auf 5 Jahre (Artikel 77 Ziffer 9), auch um so die Leistungsfähigkeit der Regierung zu erhöhen, die besonders in dem letzten Jahr vor den allgemeinen Wahlen auf Grund verstärkter Wahlkampftätigkeit oft sehr beeinträchtigt war;

---

[33] Vgl. Übergangsvorschriften F) und P).

[34] Vgl. oben Zweiter Abschnitt § 5 II.

[35] Aber auch nach der Verfassungsreform dienen die Direktions- und Verwaltungsratssitze der Staatsbetriebe als politische Machtinstrumente. Vgl. *Gros Espiell*, a. a. O., S. 35, FN 53.

[36] So *Sanguinetti—Pacheco Seré*, S. 28.

[37] „Kannegießerei".

[38] Vgl. *Real*, Estudio Preliminar zur Verfassung von 1967, Montevideo, 1966, S. XIV; *Sanguinetti—Pacheco Seré*, S. 26; *Jorge Batlle* (Präsidentschaftskandidat der vormals stärksten „Colorado"-Liste 15) in einer Rundfunk- und Fernsehansprache vom 26. 8. 1966.

[39] Vgl. *Barbé Pérez*, S. 10 ff.

c) aus der mit der Verfassung von 1967 wiedereingeführten Möglichkeit, das Parlament aufzulösen, womit das von der Verfassung von 1952 veränderte Gleichgewicht zwischen Parlament und Regierung wiederhergestellt werden soll;

d) aus einem neuen Gesetzgebungsverfahren, das der Regierung das Recht gibt, bestimmte Gesetzesvorlagen für dringlich zu erklären[40], wodurch das oft langwierige Gesetzgebungsverfahren erheblich beschleunigt werden soll, ohne das Parlament in seiner Entschlußfreiheit zu beeinträchtigen;

e) aus einer Erweiterung des Veto-Rechts der Regierung, die sich darin auswirkt, daß mögliche Beanstandungen, die die Regierung einer Gesetzesvorlage des Parlaments entgegenhält, als vom Parlament anerkannt gelten, wenn dieses nicht innerhalb eines bestimmten Zeitraumes (60 Tage) anders entscheidet (Artikel 138 Ziffer 2);

f) aus dem erweiterten, nur der Regierung vorbehaltenen Recht, in bestimmten Fällen (Mindestlöhne, Preiskontrolle, Steuern, Rentenversicherung, Enteignungsfragen, usw.) Gesetzesvorlagen einzubringen (Artikel 133 Ziffer 2 und 3 und Artikel 86 Ziffer 2). Damit wird die Führung der nationalen Finanzwirtschaft in die Hände der Regierung gelegt, weil der Verfassunggeber hofft, so die Verzerrungen, die die unverantwortliche und nur auf Wahlerfolge abgestellte parlamentarische Mißwirtschaft unter der Verfassung von 1952 mit sich brachte, verhindern zu können[41];

g) aus einer Erweiterung des Initiativrechts der Regierung, der allein das Recht zugesprochen wird, Haushaltsentwürfe vorzulegen (Artikel 215) (die Eingriffsmöglichkeiten des Parlaments sind dabei ausdrücklich umrissen[42]) und schließlich

h) aus einer Erweiterung der Kontrollfunktion der Regierung in Bezug auf die Tätigkeit der „Entes Autónomos" und „Servicios Descentraliza-

---

[40] „Proyectos de ley con declaratoria de urgente consideración" (Artikel 168 Ziff. 7). Gemäß Artikel 168 Ziff. 7 b) gilt dies nicht für den ordentlichen Staatshaushalt. Daher wurden die dringlichen Maßnahmen auf diesem Gebiet in der Form eines „Notgesetzes" („ley de emergencia" vom 8. 9. 1967) verabschiedet. Mit Hilfe dieses Gesetzes erschließt sich die uruguayische Regierung vor allem neue Steuerquellen, um so der Wirtschafts- und Finanzmisere des Landes besser begegnen zu können.

[41] Vgl. *Real*, a. a. O., S. XVI.

[42] Die — von vielen Seiten heftig kritisierte — Praxis der „mensajes complementarios" (= Ergänzungsvorlage des Parlaments zu einer Gesetzesvorlage der Regierung, die hier das alleinige Initiativrecht hat; eine Erscheinung der politischen Wirklichkeit im Kräftespiel zwischen Parlament und Regierung. Vgl. *Real*, Estructuras, S. 44 ff.; *Sanguinetti—Pacheco Seré*, S. 221 ff.) wird von der neuen Verfassung auf die Haushaltsgesetzgebung beschränkt (Artikel 219).

dos", um so die Finanz- und Wirtschaftspolitik dieser Gesellschaften stärker als bisher der allgemeinen Politik des Staates anzugleichen und unterzuordnen (Artikel 197, 198 und 220).

3. Die gleichen Gründe, die zur Ablösung des Kollegialsystems auf nationaler Ebene geführt hatten, ließen die neue Verfassung auch in den Departements eine entsprechende Strukturveränderung vornehmen, wo die „Concejos Departamentales" wieder von „Intendentes" abgelöst werden (Artikel 262).

4. Neben dem Versuch einer Entpolitisierung der Staatsgesellschaften zeigt die neue uruguayische Verfassung Mittel und Wege für eine Verwaltungsreform auf, die dazu beitragen sollen, die gesamte öffentliche Verwaltung sachorientierter und damit leistungsfähiger zu machen[43]. Dazu zählen die Schaffung des „Servicio Civil de la Administración Central, Entes Autónomos y Servicios Descentralizados" (Artikel 60), der die Aufgaben der Zentralverwaltung und der autonomen Staatsgesellschaften koordinieren soll, die Errichtung eines „Banco Central" (Artikel 196), der den „Banco de la República" entlasten soll, wie auch die verfassungrechtlichen Möglichkeiten der Regierung (Artikel 168 Ziffer 24), der einzelnen Minister (Artikel 181 Ziffer 9) und der Intendenten (Artikel 278, 280), einige ihre Befugnisse zu delegieren.

§ 3: Die neue Verfassung

I. Die lateinamerikanische Integration

Bereits seit 1934 kennt das uruguayische Verfassungsrecht zahlreiche programmatische Normen, in denen persönliche und soziale Rechte anerkannt und garantiert werden und die dem Gesetzgeber als allgemeine richtungweisende politische Prinzipien dienen sollen.

Die Verfassung von 1967 enthält neue Vorschriften ähnlichen Charakters, die der sozialen und wirtschaftlichen Entwicklung angepaßt sind.

Eine interessante Neuerung bringt insoweit Artikel 6 der neuen Verfassung, der der lateinamerikanischen Integrationsbewegung gewidmet ist.

---

[43] Insoweit folgt die Verfassung von 1967 den Empfehlungen des Nationalen Entwicklungsplans der „Comisión de Inversiones y Desarollo Económico" (CIDE). Diese Nationale Planungskommission wurde unter einer anderen Bezeichnung (Oficina de Planeamiento y Presupuesto) sogar institutionalisiert, (Artikel 230). Vgl. CIDE, Plan Nacional de Desarollo Económico y Social 1965—1974.

Den ersten Absatz dieses Artikels weist bereits die Verfassung von 1934 (Artikel 6) auf. Er enthält ein Prinzip, das als Mittel der friedlichen Streitbeilegung den internationalen Ideen jener Zeit entsprach und inzwischen auch Bestandteil der Charta der Vereinten Nationen[44] und der Charta der Organisation der Amerikanischen Staaten (OAS)[45] geworden ist.

Der zweite Absatz ist neu in der uruguayischen Verfassungsentwicklung. Er spiegelt die in der internationalen Wirtschaftspolitik heute herrschenden Ideen wider. Er hat seinen Ursprung in dem Projekt der „Colorados"[46] und entspricht genau den Vorstellungen, die bereits im „Vertrag von Montevideo"[47] enthalten sind, mit dem die „Lateinamerikanische Freihandelszone" (ALALC) geschaffen wurde. In der Präambel dieses Vertrages[48] bekunden die Signatarstaaten ihre Absicht, sich zum Zwecke gemeinsamen Fortschritts wirtschaftlich zusammenzuschließen. Dieses Ziel — durch wirtschaftliches Unvermögen und politischen Unverstand noch in weite Ferne gerückt — schwebte auch den Vätern der Verfassung von 1967 vor. Uruguay ist das erste ALALC-Land, dessen Verfassung die wirtschaftliche und soziale Integration Lateinamerikas propagiert[49].

II. Veränderungen im Parteien- und Wahlsystem

1. Verbot politischer Betätigung

Artikel 77 Ziffer 4 der neuen Verfassung regelt, wie bereits in der Verfassung von 1952, das Verbot jeglicher politischen Betätigung für alle Richter, Direktoren der autonomen Staatsgesellschaften sowie aller Sol-

---

[44] Artikel 33.

[45] Vgl. Artikel 20—23 der Charta der OAS, unterzeichnet auf der 9. Internationalen Konferenz der Amerikanischen Staaten in Bogotá (30. 3.—2. 5. 1948), in Kraft seit dem 13. 12. 1951.

[46] Artikel 6 Abs. 1 des im Mai 1966 von dieser Partei vorgelegten Entwurfes einer Verfassungsreform wurde vom Kompromißentwurf übernommen.

[47] Am 18. 2. 1960 schlossen 7 lateinamerikanische Staaten (Argentinien, Brasilien, Chile, Mexiko, Paraguay, Peru und Uruguay) in Montevideo einen Vertrag über die „Errichtung der Freihandelszone und die Gründung der lateinamerikanischen Freihandelsvereinigung". Im Laufe des Jahres 1961 traten Kolumbien und Ecuador hinzu. Nach der Ratifizierung in den Gründerstaaten trat der Vertrag vom 1. Juni 1961 formell in Kraft. Praktisch wirksam wurde er aber erst am 1. Januar 1962, mit Beginn des ersten Jahres, in dem die ersten der im Vertrage vorgesehenen Zollvergünstigungen in Kraft traten.

[48] In Uruguay ratifiziert mit dem Gesetz Nr. 12 859 vom 28. April 1961.

[49] Bereits die venezolanische Verfassung von 1961 widmete sich, obwohl Venezuela noch nicht Mitglied der ALALC war, der lateinamerikanischen

daten und Polizeibeamten. Danach ist es diesem Personenkreis untersagt, politischen Kommissionen oder Vereinigungen[50] anzugehören, Parteimanifeste zu unterzeichnen, usw., eben sich, abgesehen vom Gebrauch des Stimmrechts, irgendwie politisch zu betätigen. Bei Zuwiderhandlung drohte bereits die Verfassung von 1952 mit Entlassung aus dem Amt und Berufsverbot von zwei bis zu zehn Jahren[51].

Mit der Verfassung von 1967 verschwindet auch die anachronistische Vorschrift, nach der dem einfachen Soldaten die allgemeinen Bürgerrechte versagt waren, und mit ihr auch die malerische Aufzählung der verschiedenen Dienstgrade[52], die unter dieses Verbot fielen. Den ausdrücklich verbotenen Betätigungsarten fügt die neue Verfassung nun noch hinzu, daß es den Angehörigen des angeführten Personenkreises auch untersagt ist, eine politische Organisation „zum Gebrauch ihres Namens zu berechtigen".

Mit diesem Zusatz will die neue Verfassung eine Praxis unterbinden, die besonders in den letzten Jahren vor der Verfassungsreform um sich gegriffen hatte und mit der insbesondere die Direktoren der autonomen Staatsbetriebe das Verbot des Artikels 77 Ziffer 4 umgingen, indem sie neugegründete politische Gruppen ermächtigten, ihren Namen zu tragen. So tauchten in den letzten Jahren des Verfassungssystems von 1952 immer mehr politische Clubs auf, die sich „Freunde vom Herrn X" oder ähnlich nannten. Ohne selbst aktiv in die Politik einzugreifen und ohne damit gegen das Verbot von Artikel 77 Ziffer 4 zu verstoßen, erschien nun der betreffende Beamte in einer politisch tätigen Vereinigung, die sich mit und damit in seinem Namen politisch betätigen konnte.

Dieser Praxis will die neue Verfassung (Artikel 77 Ziffer 4) entgegenwirken. Zugleich zwingt sie die betreffende Person, nötigenfalls gegen den Gebrauch ihres Namens durch eine solche politische Vereinigung gerichtlich vorzugehen.

Integration: «La República favorecerá la integracíon económica latinoamericana. A tal fin procurará coordinar recursos y esfuerzos para fomentar el desarollo económico y aumentar el bienestar y la seguridad comunes.» (Artikel 108.) Die Verfassung von Venezuela beschränkt sich also auf die wirtschaftliche Integration. Vgl. *Vieira*, La Integración Latinoamericana, in I. E. P. A. L., Alcances, S. 159 ff.; *García Mullin*, La Constitución uruguaya en el derecho comparado, dortselbst, S. 82.

[50] Neben der echten politischen Information dienen diese „Clubes políticos" als Ausgangspunkte für alle nur denkbaren Vergünstigungen wirtschaftlicher, sozialer und politischer Art. Vgl. die scharfe Kritik bei *Real*, Estructuras, S. 68; vgl. auch *Puhle*, S. 33 f.

[51] Vgl. Artikel 77 Ziffer 4 der Verfassung von 1952.

[52] «...músico, corneta, trompa, tambor, apuntador o de cualquier otra denominación de carácter inferior a la de cabo, con expeción de los alumnos de las Academias militares»; so noch in der Verfassung von 1952, Artikel 80 Ziffer 2, enthalten.

2. Die politischen Parteien im System von 1967

Bisher war das uruguayische Parteiwesen von der Verfassung nicht näher geregelt, obwohl die politischen Parteien als die Demokratie tragendes Element auch von der uruguayischen Verfassung anerkannt waren[53].

Artikel 77 Ziffer 11 der neuen Verfassung bedeutet nun einen ersten zaghaften Schritt in Richtung auf eine Parteiengesetzgebung. Obwohl diese Vorschrift selbst noch keine endgültige Regelung bringt, enthält sie doch einige Grundsätze, die einer säteren Gesetzgebung den Weg weisen.

So garantiert die Verfassung von 1967 den politischen Parteien zum ersten Mal in der uruguayischen Verfassungsgeschichte „weitgehendste Freiheit"[54], bestimmt aber zugleich die Schranken dieser Freiheit:

— die Parteigremien müssen demokratisch gewählt werden (Artikel 77 Ziffer 11 a);

— die Parteien müssen in Zukunft ihre Satzungen und Programme so offenlegen, daß sie vom Wähler eingesehen werden können (Artikel 77 Ziffer 11 b).

Eine weitere bedeutende Vorschrift für das uruguayische Parteienwesen enthält Artikel 79, der — wie bereits in der Verfassung von 1952[55] — bestimmt, daß die Zusammenzählung der für jedes Wahlamt abgegebenen Stimmen nur nach „lemas permanentes" erfolgen kann. Auch mit dieser Regelung wollte die ältere und will die neue uruguayische Verfassung dem chronischen Fraktionalismus besonders innerhalb der beiden großen („traditionellen") Parteien entgegenwirken und zufällige Wahlbündnisse verhindern, die das festgefahrene Parteiensystem ins Wanken bringen könnten[56].

Neu ist, daß die Verfassung von 1967 den Begriff des „lema permanente" zum ersten Mal definiert: „... jede Partei, die bereits an den vorhergehenden Wahlen teilgenommen hat und im Parlament vertreten ist." (Artikel 79 Absatz 1, Satz 2.) Diese Definition ändert aber nichts an der Diskriminierung der kleinen Parteien, die, soweit sie nicht im

---

[53] Vgl. oben Zweiter Abschnitt § 3.

[54] So Artikel 77 Ziffer 11; von einer „más amplia libertad de los Partidos Políticos" kann aber wohl kaum gesprochen werden, solange die Diskriminierung der nichttraditionellen Parteien — in Form der „lema"-Gesetze — auch von der neuen Verfassung nicht unterbunden wird. Vgl. *Barbagelata*, Estatuto de los partidos políticos, in I. E. P. A. L., Alcances, S. 47.

[55] Hier ebenfalls Artikel 79.

[56] Vgl. Begründung zur „lema"-Gesetzgebung in der Verfassung von 1952; oben Zweiter Abschnitt § 3 II.

Parlament vertreten sind, vor den Wahlen umständliche Zulassungs-
prozeduren über sich ergehen lassen müssen[57].

Nicht mehr in der Verfassung enthalten ist eine Regelung, die in der
Vergangenheit Gegenstand heftigster Kritik war[58]. Sie betraf eine eindeutige Ausnahmevorschrift (zu Artikel 79 der Verfassung von 1952),
nach der die Zusammenzählung der abgegebenen Stimmen auch unter
verschiedenen „lemas" erfolgen konnte, wenn diese früher einem einzigen „lema" angehörten. Hier war einfach ein Einzelfall[59] verfassungs-
rechtlich geregelt worden[60].

3. Abschwächung des Systems der „hoja única"[61]

Ein nun schon altes Thema bietet die Diskussion um Trennung oder
Nichttrennung der Stimmzettel nach nationalen und Departementswahlen. Traditionsgemäß haben sich zwei Thesen gehalten: Die eine will
beide Wahlen völlig voneinander trennen, die andere will sie an Hand
eines einzigen Stimmzettels („hoja única") miteinander verbinden.

Die erste These[62] setzt sich für eine größere Freiheit des Wählers ein
und geht davon aus, daß der Wähler bei den Departementswahlen einmal seine Kandidaten besser und nicht selten persönlich kennt und daß
die Natur der politischen Angelegenheiten auf Landes- und auf Departementsebene völlig verschieden ist, was eine völlige — nicht zeitliche
— Trennung der beiden Wahlen gebiete.

Die andere These[63] sieht in den politischen Parteien die einzigen demokratischen Instrumente, die dem Willen des Wählers Ausdruck verleihen können, und sie glaubt mit der Zusammenlegung der beiden Wahlen
auf einem einzigen Stimmzettel, mit dem der Wähler sich immer nur
für die Kandidaten einer bestimmten Partei entscheiden kann, eine
Stärkung der politischen Parteien zu erreichen.

Dieser letzten Auffassung hatte sich die Verfassung von 1952 angeschlossen, die bestimmte, daß die Wahl zu den beiden Kammern, zum

---

[57] Vgl. dazu auch *Barbagelata*, a. a. O.

[58] Vgl. insbesondere *J. Jiménez de Aréchaga*, 1952, Bd. 1, S. 82 f.

[59] „Partido Nacional" und „Partido Nacional Independiente"; vgl. oben
Zweiter Abschnitt FN 144.

[60] Während der 15 Jahre, die die Verfassung von 1952 in Geltung war, ist
dieses Privileg nicht einmal angewandt worden.

[61] Vgl. oben Zweiter Abschnitt § 3 I.

[62] Vgl. *Sanguinetti—Pacheco Seré*, S. 61; *J. Jiménez de Aréchaga*, 1952,
Bd. 2, S. 86.

[63] Vgl. Bericht der Sonderkommission des Repräsentantenhauses vom
21. September 1951, oben Zweiter Abschnitt FN 135.

Staatsrat und zu den Regierungen und Parlamenten in den Departements auf „einem einzigen Stimmzettel über Kandidaten einer bestimmten Partei" zu erfolgen habe[64].

Die Verfassung von 1967 geht nun einen neuen Weg, der die unterschiedlichen Auffassungen zu einer Art Kompromiß zusammenfaßt. Nach Artikel 77 Ziffer 9 der neuen Verfassung werden nationale Wahlen und Departementswahlen nun so voneinander getrennt, daß ein Stimmzettel die Kandidaten für die beiden Kammern, für die Präsidentschaft und Vizepräsidentschaft und ein zweiter Stimmzettel die Kandidaten für die Departementswahlen (Intendent und Junta) enthält.

Insoweit folgt die neue Verfassung der Meinung, die dem Wähler mehr Freiheit einräumen will, indem sie nationale und Departementswahlen auch auf Grund ihres unterschiedlichen Charakters voneinander trennt. Eine völlige Trennung der Wahlen erlaubt aber auch die Verfassung von 1967 nicht, denn gemäß Artikel 77 Ziffer 2 kann der Wähler seinen Willen zwar über zwei getrennte Stimmzettel zum Ausdruck bringen, beide Stimmzettel müssen aber Kandidaten ein- und derselben Partei aufweisen.

Damit scheint sich auch die neue Verfassung wieder ganz der Auffassung angeschlossen zu haben, die bereits die Verfassung von 1952 widerspiegelte. Die Trennung der Wahl- oder Stimmzettel erscheint ohne tieferen Sinn, da der Wähler sich sowieso nur für die Kandidaten einer Partei entscheiden kann[65]. Die Situation innerhalb der uruguayischen Parteien, die Tatsache, daß insbesondere die beiden großen Parteien des Landes in eine Vielzahl von Fraktionen gespalten sind, deren Existenz die uruguayische Verfassung in einem schwer zu übersehenden System anerkennt, macht dann aber doch den Unterschied zwischen den Auffassungen der Verfassung von 1952 und der von 1967 sichtbar: Der Umstand, daß der Wähler nach der Verfassung von 1952 für alle Wahlämter nur einen Stimmzettel abgeben konnte, bewirkte zusammen mit der Tatsache der verfassungsmäßig anerkannten Spaltung innerhalb der Parteien, daß der Wähler seine Stimme nicht nur ein- und derselben Partei, sondern sogar nur ein- und derselben Fraktion geben konnte. Der Wähler mußte sich also für eine der zahlreichen Listen entscheiden, die die Kandidaten einer Fraktion für alle zu wählenden Ämter enthielten.

Die Verfassung von 1967 bringt insoweit eine Änderung, als sie dem Wähler mit der Trennung der Stimmzettel die Möglichkeit gibt, für

---

[64] Artikel 77 Ziffer 9; nicht nur innerhalb einer bestimmten Partei, sondern auch innerhalb einer bestimmten Fraktion; vgl. oben Zweiter Abschnitt § 3 I.

[65] Vgl. *Sanguinetti—Pacheco Seré* S. 63.

verschiedene Fraktionen einer Partei zu stimmen. So kann er sich auf
nationaler Ebene für die Kandidaten der Fraktion A und auf Departementsebene für die Kandidaten der Fraktion B entscheiden. Die Fraktionen, für die sich der Wähler entscheidet, müssen aber nach wie vor
ein- und derselben Partei („lema") angehören. Der Wähler kann also
nicht auf nationaler Ebene für eine Fraktion der „Blanco"-Partei und
auf Departementsebene für eine Fraktion der „Colorado"-Partei stimmen.

Die Verfassung von 1967 erweitert damit zwar den Rahmen der Entscheidungsfreiheit des uruguayischen Wählers, hält im Grunde aber an
der Auffassung der Verfassung von 1952 fest[66].

III. Die Gesetzgebende Gewalt

Obwohl die uruguayische Verfassung auch weiterhin an dem System
einer parlamentarischen Demokratie und an dem Grundsatz der Gewaltentrennung festhält, zeigt sie in ihrer Fassung von 1967 doch einige
bemerkenswerte Veränderungen, die die gesetzgebende Funktion des
Parlaments zugunsten der Regierung schwächen.

Insoweit weist die uruguayische Verfassung von 1967 nicht die Merkmale der französischen Verfassung von 1958 auf, wo das Parlament auf-
hört, das einzige Staatsorgan zu sein, das seinen Willen in der Gesetzgebung zum Ausdruck bringen kann. Denn dem französischen Parlament
sind mit der Verfassung von 1958 nicht nur einige Gesetzgebungsbefug-
nisse völlig entzogen worden, sondern auch innerhalb der Zuständigkeiten, die ihm die Verfassung noch einräumt, ist es nicht mehr völlig
frei[67].

Die Änderungen, die die uruguayische Verfassung von 1967 bringt,
räumen der Exekutive nur solche Befugnisse ein, die ihr auch andere
allgemein als parlamentarisch-demokratisch geltende Verfassungen
geben. Sie stellen sogar einen zaghaften Versuch dar, der Regierung
Mittel in die Hände zu geben, die erlahmte politische Aktivität des
Staates zu erhöhen, ohne von einem oft unentschlossenen und von
„pressure groups"[68] beherrschten Parlament oder von allzu autonomen

---

[66] Hier macht sich auch der Wille der Verfassungsgeber bemerkbar, von
dem 1934 bzw. 1939 bzw. 1952 eingeschlagenen Weg nicht abzugehen und dem
drohenden Zerfall der Traditionsparteien entgegenzuwirken und mindestens
nach außen Einhalt zu gebieten. Daß der innere Verfall davon unberührt geblieben ist, beweisen die zahlreichen Spaltungen seit Beginn dieser „lema"-
und „sublema"-Gesetzgebung.

[67] Vgl. *Burdeau*, S. 515.

[68] Vgl. die treffende Analyse bei *Puhle*, S. 42 ff.

Staatsgesellschaften daran gehindert zu werden. Die neue Verfassung beseitigt aber einige Übel, die die politische Praxis während der Geltung der Verfassung von 1952 hervorgebracht hat.

1. Neuregelung der Stellung der Abgeordneten

a) Entschädigung und politische Moral

Artikel 117 der neuen Verfassung bringt in Bezug auf die Entschädigung der Abgeordneten zwei bedeutende Änderungen:

— So sollen nach dem Willen der Verfassung Geldstrafen[69], die sich nach der jeweils festgesetzten Aufwandsentschädigung richten, in Zukunft verhindern, daß die beiden uruguayischen Kammern und auch die verschiedenen parlamentarischen Ausschüsse auf Grund des unentschuldigten Fernbleibens zahlreicher Abgeordneter beschlußunfähig sind. Diese Erscheinung („falta de quorum") spiegelt sich in vielen Sitzungsprotokollen besonders der letzten Jahre vor der Verfassungsreform wider[70]. Die Wirksamkeit dieser Neuregelung hängt aber letztlich von den beiden Kammern ab, denen es überlassen bleibt, die Einzelheiten über die Geldstrafen in ihren Geschäftsordnungen zu regeln.

— Neben der monatlichen Entschädigung dürfen den Abgeordneten auf Grund ihres Mandats keinerlei wirtschaftliche Vorteile zufließen[71].

Mit dieser Regelung setzt die neue Verfassung in erster Linie das berühmt berüchtigte „Gesetz der billigen Autos"[72] außer Kraft. Nach diesem Gesetz konnten alle in nationale Ämter gewählten Uruguayer — insbesondere alle Parlamentarier — alle zwei Jahre[73] einen Kraftwagen

---

[69] Artikel 117 Abs. 1 u. 2.

[70] Diese Praxis wurde insbesondere von *Real*, Estructuras, S. 34 f., scharf kritisiert: «Esta gente no es apta para una política de desarollo!... !Es falta de vergüenza, lisa y llanamente!»

[71] Artikel 117 Absatz 3, Satz 2.

[72] „Ley de coches baratos", auch „ley de colachatas": «Se extienden franquicias aduaneras para la importación de automóviles a las personas que ocupen cargos nacionales electivos: Artículo 1.: Declárese que las personas que ocupen cargos electivos, están amparados por las disposiciones legales que rigen para los Agentes Diplomáticos, reglamentados por decreto de 22 de diciembre de 1939. Artículo 2°.: Esta ley no ampara a los legisladores que ocupen una banca por ausencia temporal de su titular. Artículo 3°.: El Poder Ejecutivo reglamentará la presente ley. Artículo 4°.: Comuníquese, etc...» (Gesetz Nr. 12 183 vom 11. 1. 1955; vgl. „Diario Oficial" Nr. 14 431 vom 22. 1. 1955, Nr. 4.) Dieses Gesetz kam erst zustande, nachdem die „Asamblea General" — einer der seltenen Fälle, in denen das Parlament im Hochsommer beschlußfähig war (!) — das Veto der Regierung gegen dieses Gesetz überstimmt hatte. Vgl. *Faraone*, S. 123; *Sanguinetti—Pacheco Seré*, S. 84, a. a. O., S. 32.

[73] Zunächst galt diese Importvergünstigung unbegrenzt, ehe sie auf zwei Einheiten je Legislaturperiode festgesetzt wurde.

einführen, ohne die dafür sonst fälligen hohen Einfuhrzölle und Steuern zahlen zu müssen[74]. Diese Regelung galt vorher nur für die in Uruguay akkreditierten Diplomaten.

b) Mandatsniederlegung

Die neue Verfassung bestimmt u. a., daß „Abgeordnete oder Intendenten, die vor dem Ende ihrer Wahlperiode ihr Amt niederlegen, keinerlei Vergütungs- oder Pensionsanspruch besitzen" (Artikel 77 Ziffer 10, Satz 1).

Diese ein wenig seltsam anmutende und im uruguayischen Verfassungsrecht neue Vorschrift hat das Ziel, eine der dunkelsten Praktiken der politischen Wirklichkeit dieses Landes abzustellen, die sich um die Mandate der Abgeordneten und selbst um die Sitze in den kollegialen Regierungsorganen in den Departements („Concejos Departamentales") entwickelt hatte. Diese Praxis sah wie folgt aus: Zwei, drei oder vier Politiker gingen miteinander ein Wahlbündnis ein, um so wenigstens einen Sitz im Parlament zu erringen. Während der Legislaturperiode „teilten" sie diesen Sitz dann unter sich auf, indem sie nach Ablauf eines bestimmten — vorher verabredeten — Zeitraumes jeweils ihr Mandat niederlegten, um so dem auf ihrer Wahlliste Nachfolgenden („suplente") Platz zu machen[75]. Aus manchen Parlamentsmandaten wurden so im Laufe der Zeit wahre „Pensionskassen"[76], denn den Abgeordneten stand nicht nur für die Dauer ihres Mandates eine Vergütung (Diäten) zu[77], sondern gegebenenfalls hatten sie bei vorzeitigem Ausscheiden aus ihrem Amt einen Pensionsanspruch[78].

Die Verfassung von 1967 will nun jene Wahlabsprachen, die dem Lande ncht nur wirtschaftlichen Schaden zufügten, verhindern oder zumindest erschweren[79].

---

[74] Es soll Fälle gegeben haben, in denen die Abgeordneten, die unter diesen Vergünstigungen Autos einführen ließen, die Fahrzeuge nicht einmal zu Gesicht bekommen hatten, da sie bereits vor ihrer Ankunft verkauft waren. Vgl. *Real*, a. a. O., S. 32. Wie groß diese Vergünstigungen letztlich waren, kann man aus der Tatsache ersehen, daß diese Fahrzeuge auf Grund der hohen Einfuhrzölle und Steuern in Uruguay mit 400—500 % ihres Einfuhrwertes gehandelt wurden. Diesen Vorzug genießen heute nur noch Diplomaten.
[75] Vgl. Art. 116 der Verfassung von 1952, der von der neuen Verfassung wörtlich übernommen wurde.
[76] So *Sanguinetti—Pacheco Seré* S. 85; vgl. *Barbé Pérez*, S. 109.
[77] Gem. Art. 117 der Verfassung von 1952.
[78] Vgl. Artikel 383 des Gesetzes Nr. 12 802 vom 7. 12. 1961, in „Diario Oficial" Nr. 16 303 vom 22. 12. 1961, der ausscheidenden Abgeordneten unter Umständen eine Art „dynamische Rente" gewährte. Vgl. *Real*, a. a. O., S. 32 f.
[79] Wie in vielen Fällen der politischen Wirklichkeit Uruguays, so gilt aber auch hier das „criollo"-Wort: «Hecha la ley, hecha la trampa.» (Frei übersetzt: Wo ein Wille ist, da ist auch ein Weg!) Denn bei der in Uruguay nicht

2. Neuerungen im Gesetzgebungsverfahren

Das ordentliche Gesetzgebungsverfahren bleibt unverändert. Mit der Verfassung von 1967 erscheint jedoch neben der Erweiterung des Initiativrechts der Regierung[80] ein neuer Typ eines Gesetzgebungsverfahrens: So räumt Artikel 168 Ziffer 7 der Regierung das Recht ein, sog. „Dringlichkeitsgesetze" („leyes de urgente consideración") vorzulegen.

Diese Bestimmung enthält eine der wichtigsten Neuerungen der Verfassung von 1967. In der Entwicklung des uruguayischen Verfassungsrechts stellt sie eine „juristische Revolution"[81] dar. Mit der neuen Regelung kommt ein Verfahren zur Anwendung, wonach eine von der Regierung eingebrachte und für dringlich erklärte Gesetzesvorlage dann als stillschweigend gebilligt angesehen wird, wenn das Parlament die Vorlage nicht innerhalb eines bestimmten Zeitraumes zurückweist oder einen eigenen Entwurf vorlegt (Artikel 168 Ziffer 7 Absatz 2). Das neue Verfassungsinstitut weist folgende Merkmale auf:

— Nur die Regierung kann eine Gesetzesvorlage für dringlich erklären und dies nur gemeinsam mit einer von ihr eingebrachten Vorlage, also nicht „a posteriori". Hiervon ausgenommen sind Haushaltsgesetze[82] und solche Gesetze, zu deren Billigung eine besondere qualifizierte Mehrheit[83] erforderlich ist. Die Dringlichkeitserklärung bleibt dann ohne Wirkung, wenn eine der beiden Kammern dies mit Zweidrittel-Mehrheit beschließt. In diesem Fall wird die betreffende Gesetzesvorlage wie im ordentlichen Verfahren behandelt (Artikel 168 Ziffer 9 c).

— Die Regierung darf jeweils nur eine Gesetzesvorlage für dringlich erklären, solange das Verfahren im Parlament noch nicht abgeschlossen ist (Artikel 168 Ziffer 7 a).

---

gerade seltenen Korruption dürfte der zweite Satz von Artikel 77 Ziffer 10, der eine amtsärztlich festgestellte und beglaubigte Krankheit als Ausnahmegrund für eine vorzeitige Mandatsniederlegung gelten läßt, als eine solche „trampa" (= List, Ausweg, Umgehung) anzusehen sein, mit der sich die Absicht der Verfassung leicht umgehen ließe.

[80] Vgl. oben § 2 (2 g).

[81] Vgl. *Sanguinetti—Pacheco Seré*, S. 96. Andere lateinamerikanische Verfassungen kennen bereits die Möglichkeit von Dringlichkeitsgesetzen: die Verfassungen von Chile (Art. 46), Kolumbien (Art. 91) und Venezuela (Art. 166), die aber — im Unterschied zur neuen uruguayischen Verfassung — nicht das Zustandekommen dieser Gesetze fingieren, wenn das zuständige Parlament nicht innerhalb einer bestimmten Frist anders entscheidet. Vgl. *García Mullin*, La Constitución uruguaya en el derecho comparado, in I. E. P. A. L., Alcances S. 81.

[82] Diese Gesetze erfordern ein besonderes Verfahren. Vgl. oben FN 40.

[83] $^2/_3$- oder $^3/_5$-Mehrheit; vgl. Artikel 168 Ziffer 7 b. Dazu gehören u. a. Wahlgesetze, Gesetze zur Schaffung neuer autonomer Staatsbetriebe, usw.

— Die Verfassung gibt jeder Kammer für die Behandlung der Dringlichkeitsvorlagen eine Frist von 45 Tagen. Wenn diese Frist verstrichen ist, ohne daß die betreffende Kammer die Vorlage verworfen oder eine eigene Vorlage eingebracht hat, gilt die Gesetzesvorlage in der Form als von der betreffenden Kammer gebilligt, in der sie von der Regierung eingebracht wurde. In dieser Form geht die Vorlage, je nachdem, an die andere Kammer oder zur Regierung zurück (Artikel 168 Ziffer 7 d). Wenn die zweite Kammer sich dann für einen anderen Entwurf als den von der ersten Kammer (stillschweigend) gebilligten entscheidet, geht der neue Entwurf an die erste Kammer zurück, die hierüber nun innerhalb von 20 Tagen befinden muß. Andernfalls geht die Vorlage an die „Asamblea General" (Artikel 168 Ziffer 7 e), der wiederum 20 Tage zur Beratung und Verabschiedung gegeben sind. Wenn nun aber auch die „Asamblea General" nicht innerhalb der gesetzten Frist entscheidet, gilt die Vorlage als in der Form gebilligt, wie sie zuletzt die ausdrückliche Zustimmung einer der beiden Kammern fand (Artikel 168 Ziffer 7 f)[84].

IV. Parlament und Regierung

Die entscheidenden Neuerungen im Verhältnis zwischen Parlament und Regierung bringt die neue Verfassung insoweit, als sie dem Präsidenten der Republik das Recht einräumt, unter bestimmten Voraussetzungen das Parlament aufzulösen, ohne diesem die Möglichkeit zu geben, den Präsidenten zu stürzen[85].

1. Auflösung des Parlaments

Mit der Wiedereinführung dieses Instituts greift die Verfassung von 1967 auf das System von 1942 zurück[86]. Die Artikel 147 und 148 der neuen Verfassung regeln den Mechanismus des parlamentarischen Mißtrauensvotums[87] und der damit verbundenen Möglichkeit, das Parlament aufzulösen:

---

[84] Das gleiche Verfahren dürfte auch für den Fall angewandt werden, wenn z. B. die erste Kammer die Vorlage der Regierung abändert und die zweite Kammer hierzu schweigt.

[85] Die meisten lateinamerikanischen Verfassungen ignorieren das Institut der Parlamentsauflösung, einige verbieten es sogar ausdrücklich (z. B. die Verfassung von Ecuador von 1946 in Art. 98 Abs. 4). Indessen zeigt die lateinamerikanische Wirklichkeit, daß dies nicht immer ausreichte, um Auflösungen zu verhindern. Vgl. *Real*, Neoparlamentarismo, S. 36; *García Mullin*, a. a. O., S. 80.

[86] Vgl. Artikel 140 der Verfassung von 1942.

[87] Die Möglichkeit eines „voto de desconfianza" oder eines „voto de censura" kennen auch die Verfassungen von Ecuador (Art. 55 Abs. 7), Honduras (Art. 120), Peru (Art. 172), Guatemala (Art. 177), Panama (Art. 120 Abs. 7) und Venezuela (Art. 152 Abs. 2), die sich aber ausschließlich nur gegen einzelne oder mehrere Minister richten können.

a) Das Verfahren des Mißtrauensvotums kann von jeder der beiden Kammern eingeleitet werden (Artikel 147), denn beide Häuser können die Tätigkeit der Minister beanstanden und beantragen, daß die „Asamblea General" dem oder den betreffenden Ministern „wegen ihrer politischen oder administrativen Tätigkeit" das Mißtrauen ausspricht. Die Kammern entscheiden mit den Stimmen der Mehrheit der Anwesenden und erstatten der „Asamblea General" Bericht;

b) die „Asamblea General" tritt daraufhin innerhalb von 48 Stunden zusammen und entscheidet mit absoluter Mehrheit über eine mögliche Mißbilligung eines oder mehrerer Minister oder des gesamten Ministerrates (Artikel 148). Das Mißtrauensvotum bewirkt den Sturz des oder der betreffenden Minister;

c) der Präsident der Republik kann das Mißtrauensvotum beanstanden, wenn die „Asamblea General" dieses Votum mit weniger als $^2/_3$ der Stimmen seiner Mitglieder ausgesprochen hat;

d) wenn die „Asamblea General" daraufhin ihren Beschluß mit weniger als $^3/_5$ der Stimme ihrer Mitglieder aufrecht erhält, kann der Präsident der Republik das Mißtrauensvotum der „Asamblea General" endgültig zurückweisen, den oder die umstrittenen Minister im Amt belassen, die beiden Kammern auflösen und Neuwahlen ausschreiben lassen. Der Präsident kann von diesem Recht nicht im letzten Jahr seiner Amtszeit und bei gegen den gesamten Ministerrat gerichteten Mißtrauensvotum nur einmal während seiner Amtszeit Gebrauch machen (Artikel 148)[88].

Die Verfassung von 1967 überläßt, wie die Verfassungen von 1934 und 1942, die Entscheidung über mögliche Konflikte zwischen Parlament und Regierung also wieder dem Wähler.

2. Der Präsident stürzt nicht

Die wohl bedeutendste Veränderung gegenüber der Verfassung von 1942 enthält Artikel 148 Absatz 17 der neuen Verfassung. Danach stürzt, wenn die neugewählte „Asamblea General" das vom Präsidenten beanstandete Mißtrauensvotum aufrechterhält, nur der Ministerrat, nicht aber auch der Präsident, wie es die Verfassungen von 1934[89] und 1942[90]

---

[88] Dieses Institut ist, solange es in den früheren uruguayischen Verfassungen vorhanden war, nie zur Anwendung gekommen, weshalb es auch von der Verfassung von 1952 nicht übernommen worden war. Vgl. *J. Jiménez de Aréchaga*, 1952, Bd. 1, S. 71; *Sanguinetti—Pacheco Seré*, S. 110.

[89] Artikel 143.

[90] Artikel 142.

noch vorsahen[91]. Bereits im Verfassungssystem von 1942 war die „un-
wahrscheinliche Persönlichkeitsspaltung"[92] des Präsidenten spürbar,
dem einerseits, direkt vom Volk gewählt, weitgehende eigene Exe-
kutivbefugnisse eingeräumt waren und dem andererseits in den Beziehungen zwischen Parlament und Regierung die Vermittlerrolle eines
Staatschefs zukam[93]. Dieses „regimen mixto"[94], das Elemente eines parlamentarischen und eines präsidentiellen Systems vereinigt, ist typisch
für die originelle Entwicklung des uruguayischen Verfassungsrechts.

Während der Präsident der Verfassung von 1942 das Parlament einerseits wie ein Staatschef auflösen konnte, andererseits aber auch wie ein
Regierungschef vom Parlament gestürzt werden konnte, gelangt die Verfassung von 1967 zu einer noch originelleren Form.

Die Spaltung der funktionellen Stellung des Präsidenten in die eines
Staatschefs und die eines Regierungschefs wird beibehalten, die verfassungsrechtlichen Folgerungen sind aber verändert:

Der Präident kann — wie im System von 1942 — das Parlament auflösen. Für den Fall, daß das aus Neuwahlen hervorgegangene Parlament
das alte Mißtrauensvotum aufrechterhält, erscheint nun aber nicht mehr
die Eigenschaft des Präsidenten als Regierungschef, die in der Verfassung von 1942 noch seinen Sturz möglich machte. Der Präsident der Verfassung von 1967 kann also nicht gestürzt werden.

Ein echter Schiedsrichter zwischen Parlament und Regierung kann der
Wähler hier also allein deswegen nicht sein, weil er mit seinem Votum
indirekt zwar den Ministerrat, nicht aber auch den Präsidenten stürzen
kann. Der Wähler kann den Präsidenten durch sein Votum nur zwingen,
sein politisches Konzept zu ändern[95]. Diese Änderung kann über eine
Erneuerung des Ministerrates auch insoweit erreicht werden, als der

---

[91] Den Sturz des Präsidenten sah auch Artikel 148 Abs. 10 des Verfas-
sungsentwurfs der „Colorados" („reforma rosada") vor, während nach dem
Entwurf der „Blancos" („reforma gris") in diesem Fall nur der Ministerrat
zum Rücktritt gezwungen war (Artikel 157), eine Regelung, die dann auch in
den Kompromißentwurf („reforma naranja") — die spätere Verfassung von
1967 — übernommen wurde.
[92] So *J. Jiménez de Aréchaga*, zit. bei *Sanguinetti—Pacheco Seré*, S. 113.
[93] Vgl. oben Erster Abschnitt § 5 II 2 c.
[94] Diese Bezeichnung, die auch zur Charakterisierung des Verfassungssystems von 1918 benutzt wird (vgl. oben Erster Abschnitt FN 74) stammt von
Bañados Espinosa, Gobierno parlamentario y sistema representativo, San-
tiago de Chile, 1888, S. 56 ff., zit. bei *Real*, Neoparlamentarismo, S. 26.
[95] Hier erscheint wieder das Wesen des „neoparlamentarischen" Systems,
das bereits die Verfassung von 1934 ausweist (vgl. oben Erster Abschnitt
§ 4 II) und das die neue Verfassung übernimmt. Vgl. den Abgeordneten *Sanguinetti in der „Asamblea General"*, in „Diario de Sesiones de la Asamblea
General" vom 18. 8. 1966, S. 5; *Real*, in der Montevideaner Morgenzeitung
„Acción" vom 25. 11. 1966.

Präsident nur solche Minister ernennen darf, die vom Vertrauen des Parlaments getragen werden (Artikel 174)[96].

Mit dieser Lösung will der Verfassunggeber augenscheinlich das Risiko vermeiden, das für die politischen Institutionen mit einem Sturz des Präsidenten entstehen könnte[97]. Eine solche Begründung wirkte aber in doppelter Hinsicht unverständlich: Einmal würde ein solcher Sturz das Ergebnis eines sorgsam geregelten parlamentarischen Verfahrens sein (Mißtrauensvotum — Parlamentsauflösung — Neuwahlen — Bestätigung des Mißtrauensvotums — Sturz) und zum anderen hat die uruguayische Verfassungspraxis diesen Fall nie erprobt, auch nicht unter den Verfassungen von 1934 und 1942. Das Risiko, das der Verfassungsgeber von 1967 vermeiden will, ist also rein theoretischer Art.

V. Die Exekutive in der neuen Verfassung

1. Präsident und Regierung

Nach Artikel 149 der Verfassung von 1967 wird die Regierungsgewalt „vom Präsidenten der Republik gemeinsam mit dem oder den zuständigen Ministern oder mit dem Ministerrat" ausgeübt. Damit kehrt die neue uruguayische Verfassung zum „duplex"-System[98] der Verfassungen von 1934 und 1942 zurück[99].

Die Unterschiede liegen zum einen in einer Erweiterung der Rechte, die die neue Verfassung der Regierung einräumt, und zum anderen darin, daß die politische Bedeutung des Präsidenten und das Erfordernis seiner Solidarität mit dem Ministerrat geschmälert werden. So hat der Präsident der Verfassung von 1967 nicht mehr das Recht, zumindest vier Minister seiner eigenen politischen Richtung zu ernennen; ein Recht, das ihm die Verfassung von 1942[100] noch zugestand[101]. Der Präsident der neuen Verfassung ist ausdrücklich verpflichtet, nur solche Minister zu ernennen, die die Unterstützung der Parlamentsmehrheit haben (Artikel 174 Absatz 4). Da der Präsident außerdem politisch nicht zur Verantwortung gezogen werden kann, wird er kaum als ein Regie-

---

[96] Hier wird bereits die Bedeutung spürbar, die die neue Verfassung den Ministern zukommen läßt.

[97] Vgl. *Sanguinetti—Pacheco Seré*, a. a. O.

[98] Vgl. oben Erster Abschnitt § 4 II 1.

[99] «El Poder Ejecutivo será ejercido por el President de la República, quien actuará con un Consejo de Ministros...» so Artikel 146 (1934) und Artikel 145 (1942).

[100] Artikel 162 Absatz 1, Satz 2.

[101] Diese Regelung war bereits mit der Verfassung von 1952 abgeschafft worden.

rungschef fungieren können, der gewillt ist, seine politischen Absichten oder die seiner Fraktion durchzusetzen, sondern ihm fällt die schwierige Aufgabe zu, zwischen den verschiedenen politischen Strömungen in Volk und Parlament zu vermitteln, ehe er seine Minister ernennt, ein mögliches Mißtrauensvotum zurückweist oder das Parlament auflöst und Neuwahlen durchführen läßt. In diesem Fall würden mögliche Meinungsverschiedenheiten zwischen der Fraktion des Präsidenten und der im Ministerrat sich widerspiegelnden Parlamentsmehrheit nicht zu unlösbaren politischen Auseinandersetzungen führen, sondern lediglich den für ein parlamentarisches System normalen Mechanismus von Mißtrauensvotum, Parlamentsauflösung und Neuwahlen auslösen.

Wenn ein uruguayischer Staatspräsident, auch nach erfolgter Parlamentsauflösung, diese Mittlerrolle zu übernehmen nicht bereit ist und seine Entscheidungen nicht im Einvernehmen mit dem Ministerrat treffen will, kann der Ministerrat diesem Verhalten des Präsidenten damit begegnen, daß er einzelnen Ministern Geschäftsbereiche überträgt, die normalerweise dem Präsidenten gemeinsam mit dem Ministerrat zustehen[102]. Damit ist eine Beteiligung des Präsidenten an Regierungsgeschäften, die nicht ausschließlich dem Ministerrat vorbehalten sind, nicht mehr unabdingbar, da der Ministerrat in solchen Regierungsangelegenheiten zwar unter dem Vorsitz des Präsidenten, im übrigen aber mit Mehrheit entscheidet (Artikel 162).

Wenn die Mehrheit des Parlaments den Präsidenten aber unterstützt, kann er außer als Staatschef auch als Regierungschef tätig werden. In der politischen Wirklichkeit wäre in diesem Fall ein Unterschied zum System der Verfassungen von 1934 und 1942 kaum spürbar[103].

---

[102] Artikel 160 i. V. mit Artikel 168 Ziffer 24 und Artikel 181 Ziffer 8.

[103] Der erste Präsident der neuen Verfassung, *Gestido*, wie nach dessen Tod im Dezember 1967 sein Nachfolger *Pacheco Areco*, verfügten noch über eine solche parlamentarische Mehrheit, die allerdings auf Grund des nach wie vor chronischen Fraktionalismus nicht auf sehr festen Beinen stand und schnell auseinanderfallen konnte. Vgl. *Cassinelli Muñoz*, Primeras reflexiones sobre la nueva Constitución in „Cuadernos de Síntesis", Nr. 2, S. 41, Montevideo, 1967. Eine völlig andere und für Uruguay ungewöhnliche Situation fand der am 1. März 1972 vereidigte neue Präsident *Bordaberry* vor, dessen Partei (Colorado) weder im Senat noch im Abgeordnetenhaus über eine Mehrheit verfügt. Die zugleich mit den Präsidentschaftswahlen am 28. November 1971 durchgeführten Parlamentswahlen erbrachten folgende Sitzverteilung:

	Senatoren	Abgeordnete
P. Colorado	13	41
P. Planco	12	40
Frente Amplio	5	18

Vgl. dazu auch oben Zweiter Abschnitt FN 38.

2. Der Vizepräsident

Nach Artikel 150 der neuen Verfassung vertritt der Vizepräsident den Präsidenten, „wenn dieser vorübergehend oder endgültig an der Ausübung seiner Geschäfte gehindert ist. Bei endgültigem Ausscheiden des Präsidenten führt der Vizepräsident die Regierungsgeschäfte bis zum Ende der Zeit, für die der Präsident gewählt worden ist"[104].

Im wesentlichen enthält Artikel 150 die gleiche Regelung wie Artikel 146 und 147 der Verfassung von 1942. Was den Vorsitz der erwähnten Gesetzgebungsorgane (Senat und „Asamblea General") betrifft, findet sich die gleiche Regelung auch in Artikel 94 der neuen Verfassung.

Der Unterschied zum System von 1942 besteht darin, daß nach der neuen Regelung die Vertretung des nach dem Präsidenten auch ausscheidenden Vizepräsidenten durch in der Verfassung ausdrücklich genannte Persönlichkeiten automatisch eintritt, während nach der Verfassung von 1942 die „Asamblea General" jemanden zu ernennen hatte, der für den Fall des Ausscheidens von Präsident und Vizepräsident die Regierungsführung übernahm. Nach der neuen übersichtlicheren Regelung übernimmt derjenige Senator das Amt des Präsidenten oder Vizepräsidenten, der die stärkste Liste der stärksten Partei anführt (Artikel 153). Die gleiche Regelung findet sich für den vakanten Vorsitz der „Asamblea General" und des Senats in den Artikeln 94, 153, 155 und 157 der neuen Verfassung.

3. Kollegialistische Elemente in der Regierungsstruktur

In den herkömmlichen parlamentarischen oder neoparlamentarischen Systemen ist es praktisch gleichbedeutend zu sagen, die politische Führung eines Landes liege in den Händen des Kabinetts oder in dessen Händen, der an der Spitze dieses Kabinetts steht (Premierminister, Ministerpräsident oder Kanzler). Denn zwischen jenem Kollegium und seinem Vorsitzenden besteht eine notwendige politische Solidarität, die letzteren zum verantwortlichen Führer jenes Kollegiums macht.

---

[104] Anfang Dezember 1967 wurde diese Regelung zum ersten Mal angewandt, als der gewählte Präsident *Gestido* neun Monate nach Amtsantritt verstarb und Vizepräsident *Pacheco Areco* die Regierungsgeschäfte für den Rest der Regierungszeit übernahm. Der Versuch, unter Ausschluß der von der Verfassung vorgeschriebenen 5jährigen Wartezeit (Art. 152) eine sofortige Wiederwahl *Pacheco Areco's* zu ermöglichen, scheiterte, da ein entsprechendes Referendum, das zugleich mit den allgemeinen Wahlen 1971 abgehalten wurde, nicht die erforderliche Mehrheit erhielt. Vgl. dazu auch oben Zweiter Abschnitt § 2 I 3.

Folglich ist in jenen Systemen die Führung der Regierung gleichbedeutend mit der Führung des Ministerrates[105]. Die Führung der Regierung liegt in der Hand eines Einzelnen, obwohl die politisch richtungweisende Regierung kollegial aufgebaut ist.

Dieses Bild zeigt das System der neuen uruguayischen Verfassung
nur für den Fall, daß die politische Richtung des Präsidenten der Republik mit der parlamentarischen Mehrheit übereinstimmt, denn nur
in diesem Fall, wenn also der Präsident als — auch politischer — Führer
des Ministerrates angesehen werden kann, kann man vom Präsidenten
der Republik als dem „Chef der Regierung" sprechen.

Diesen Fall gebietet die Verfassung von 1967 aber nicht, sie sieht in
dieser Konstellation auch nicht den Normalfall[106]. Die Art und Weise,
in der die Verfassung die Wahl des Präsidenten regelt (Artikel 151),
gewährleistet in keiner Weise, daß er politisch der parlamentarischen
Mehrheit angehört. Dagegen fordert die Verfassung, daß die Minister
vom Vertrauen des Parlaments getragen werden (Artikel 174 Absatz 4).

Eine politische Übereinstimmung zwischen dem Präsidenten und dem
Ministerrat ist also dem Zufall oder der Taktik des Präsidenten überlassen, während sie zwischen dem Ministerrat und dem Parlament
(„Asamblea General") institutionell unabdingbar ist[107]. Ein entscheiden-
des Mißverhältnis zwischen dem Ministerrat und dem Parlament würde
über ein Mißtrauensvotum zur Ablösung des Parlaments oder des Ministerrates führen[108]. Unangetastet bliebe der Präsident der Republik.

Mit Ausnahme des Falles, in dem der Präsident und die Parlamentsmehrheit, und damit der Präsident und die Minister, politisch überein-
stimmen, entspricht das System der Verfassung von 1967 also nicht dem
klassischen Regierungssystem, in dem die politische Führung der Regierung in den Händen des Vorsitzenden des Ministerrates liegt. Denn
in allen anderen Fällen, in denen der Präsident einer politischen Gruppe
angehört, die nicht die Mehrheit im Parlament hat, ist der Präsident im
Ministerrat in der Minderheit. Es wäre daher irrig, die Führung der
Regierungsgeschäfte, die in den Händen des Ministerrates liegt, der

---

[105] Eine Ausnahme bildet die französische Verfassung von 1958, nach der
der Präsident der Republik die Minister führt, wenn sie unter seinem Vorsitz im Ministerrat versammelt sind, sonst, wie üblich, der Ministerpräsident
(vgl. Art. 9 u. 21).

[106] Vgl. *Cassinelli Muñoz*, a. a. O., S. 42; derselbe, La acción del Gobierno
en la Constitución de 1967, in I. E. P. A. L., Alcances, S. 39, Montevideo, 1967.

[107] Insoweit ist das neue Verfassungssystem parlamentarischer als das
System von 1942. Vgl. *Secco García*, S. 15.

[108] Entweder wird das Parlament (Asamblea General) bei den Neuwahlen
bestätigt oder der Wähler stellt sich auf die Seite der Regierung und entscheidet sich für eine entsprechende neue Zusammensetzung des Parlaments
(Artikel 148).

Tätigkeit des Präsidenten gleichzusetzen, der in diesem Fall zwar formell Leiter der Regierungsberatungen, nicht aber Chef der Regierung ist. In diesen Fällen liegt das Recht und die Macht zur Bestimmung der Richtlinien der Politik allein beim Ministerrat, dem kollegialen Organ der neuen uruguayischen Regierung.

In der Verfassung von 1942 war der Präsident der Republik Staats- und Regierungschef zugleich. Obwohl auch damals der Ministerrat das politisch richtungweisende Verfassungsorgan war, sicherte die Zusammensetzung dieses Kollegiums dem Präsidenten doch immer die Mehrheit in diesem Organ. Denn einmal das Recht des Präsidenten, vier der neun Minister aus seinen eigenen politischen Reihen zu ernennen, und schließlich das Gewicht der Stimme des Präsidenten, der bei Stimmengleichheit auch dann den Ausschlag gab, wenn diese mit seiner eigenen Stimme herbeigeführt worden war[109], ließen den Präsidenten so immer auch zum Regierungschef werden, der so die Richtlinien der Politik bestimmen konnte.

Dieses Recht des Präsidenten der Verfassung von 1942 schwächte das Verfassungsgebot, nach dem die Minister das Vertrauen der Parlamentsmehrheit haben sollten[110], ab und ließ jenes Regierungssystem, das von seinen Schöpfern als neoparlamentarisches System gedacht war, in der politischen Wirklichkeit zu einem Präsidentialsystem werden[111].

Die neue Verfassung gibt dagegen keinerlei Möglichkeit, dieses Gebot zu umgehen. Nach der Verfassung von 1967 kann der Ministerrat in seiner politischen Richtung sehr wohl von der Auffassung des Präsidenten abweichen. Da jede Angelegenheit vom zuständigen Minister dem Ministerrat vorgelegt werden kann (Artikel 161 Absatz 2) und da dieser mit einfacher Mehrheit gegen den Willen des Präsidenten dessen Befugnisse den Ministern übertragen kann (Artikel 168 Ziffer 24 i. V. mit Artikel 162), kann der Präsident bei möglichen Meinungsverschiedenheiten mit dem Ministerrat die Regierungsgeschäfte nicht einmal blockieren. Die Regierungsführung liegt also nach der neuen Verfassung eindeutig beim Ministerrat, an dessen Entscheidungen der Präsident nur als einer von vielen (12)[112] teilhat, auch wenn seine Stimme bei Stimmengleichheit den Ausschlag gibt (Artikel 161 Absatz 1).

Nach der Verfassung von 1967 liegt die Staatsführung somit allein in der Hand des Präsidenten der Republik und die Führung der Regierung beim Ministerrat[113]. Nur wenn die politische Richtung des Minister-

---

[109] Vgl. Artikel 174 Abs. 2 der Verfassung von 1942.
[110] Vgl. Artikel 162 Abs. 1, Satz 1 der Verfassung von 1942.
[111] Vgl. oben Erster Abschnitt § 5 III.
[112] 11 Minister und der Präsident; vgl. Artikel 174 Absatz 1 u. 2.
[113] Dieses System kennen auch die Verfassungen von Costa Rica (Art. 147), El Salvador (Art. 77), Guatemala (Art. 158) und Nicaragua (Art. 191). Vgl. *García Mullin*, a. a. O., S. 79.

rates mit der des Präsidenten übereinstimmt und dieser somit auch als politischer Führer des Ministerrates handelt, trifft das im parlamentarischen oder neoparlamentarischen System geltende Bild zu, nach dem der die Richtlinien der Regierungspolitik bestimmt, der dem Ministerrat vorsteht. Nur dann ist der Präsident der Republik auch Regierungschef; dies aber nur auf Grund politischer Umstände, die nach der neuen Verfassung dem Zufall überlassen bleiben[114], denn nach dem Willen dieser Verfassung liegt die Richtlinienkompetenz allein beim Ministerrat.

4. Die Minister der Verfassung von 1967

a) Die verfassungsrechtliche Eigenart der uruguayischen Minister

Der verfassungsrechtliche Charakter der Minister ergibt sich primär aus ihrer Stellung zum Parlament wie auch aus der Art und Weise und dem Umfang, in dem sie an der Willensbildung der Regierung und an deren Ausführung beteiligt sind.

Die Verfassung von 1830 hielt insoweit noch an der pluralistischen These fest, wonach die Minister die Regierungsakte des Präsidenten gegenzeichnen mußten, um sie wirksam werden zu lassen.

Während der Geltung der Verfassung von 1952 bestanden Zweifel an der Eigenschaft der Minister als integrierende Bestandteile der Regierung, weil die Verfassung die Regierungsgewalt ausschließlich dem „Consejo Nacional de Gobierno" übertrug[115]. Auf jeden Fall hatten die Minister der Verfassung von 1952 im Vergleich zu den früheren Verfassungen erheblich an politischer und juristischer Bedeutung verloren[116]. Die herrschende Lehre[117] vertrat die Auffassung, daß in der Gegenzeichnung der Minister ausschließlich eine Garantie für die Gesetzmäßigkeit der Willensbekundungen der Regierung zu sehen sei.

Die Verfassung von 1967 stellt die frühere politische und juristische Bedeutung der Minister wieder her und macht sie sogar zu den verantwortlichen Lenkern der Regierungspolitik. Die neue Verfassung, deren Regierung sich aus dem Präsidenten, den 11 Ministern und dem Ministerrat zusammensetzt, greift damit im Prinzip auf das System der Ver-

---

[114] Vgl. *Cassinelli Muñoz*, a. a. O.
[115] Artikel 149 der Verfassung von 1952. Vgl. *J. Jiménez de Aréchaga*, 1952, Bd. 3, S. 14 ff.
[116] Vgl. *Sayagués Laso*, Tratado, Bd. 2, S. 137; *J. Jiménez de Aréchaga*, a. a. O., S. 25 f.
[117] Vgl. insbesondere *Villegas Basavilbaso*, El Poder Ejecutivo, in „Revista de la Facultad de Derecho y Ciencias Sociales", Montevideo, 1954, Jahrg. 5, Nr. 1, S. 16.

fassung von 1934 und 1942 zurück. Die neue Formel spiegelt den Einfluß wider, den die verschiedenen kollegialistischen Ideen in der uruguayischen Verfassungsentwicklung bis in die Verfassung von 1967 hinein
ausübten. Das Recht der Minister, den Willen der Regierung einzeln
oder im Kollegium mitzubilden, ist in Uruguay heute unumstritten. Bereits der Nationale Verfassungskonvent von 1934 gab dem Verbum
„actuar" gegenüber dem zunächst vorgeschlagenen „asistir" den Vorzug[118]. Und Artikel 149 der neuen Verfassung enthält die Formel
„actuando con el Ministro o Ministros respectivos", eine Regelung, die
weder die Verfassung von 1934 noch die von 1942 ausdrücklich trafen,
obwohl auch dort deutlich war, daß nach dem Willen der Verfassung der
Präsident die Regierungsgewalt nicht allein ausüben konnte.

b) Die Ernennung der Minister

„Der Präsident der Republik ernennt solche Bürger zu Ministern, die
das Vertrauen des Parlaments haben und somit eine Fortdauer in ihrem
Amt gewährleisten. Die Minister scheiden nach dem Willen des Präsidenten der Republik aus ihren Ämtern aus..." (Artikel 174 Absatz 4
und 5).

Hier handelt es sich um Regierungsakte, in denen der Präsident ausnahmsweise allein und in eigener Verantwortung tätig wird. Lediglich
im Falle der Ministerernennung erfährt die Entscheidungsfreiheit des
Präsidenten eine gewisse Einschränkung. Auch hier kehrt die neue Verfassung zum System von 1942 zurück, mit dem Unterschied, daß der
Präsident nun nicht mehr das Recht hat, die Mehrheit der Minister aus
den eigenen politischen Reihen zu ernennen.

Für die Erfüllung des Verfassungsgebotes „Vertrauen des Parlaments" verlangte die uruguayische Lehre zum Teil ein ausdrückliches,
der Ernennung vorausgehendes Vertrauensvotum durch das Parlament[119]. In der politischen Wirklichkeit nahm man jedoch eine stillschweigende Billigung an, solange das Parlament dem oder den betreffenden Ministern nicht das Mißtrauen ausgesprochen hatte. Diese Vorstellungen herrschten auch in den Beratungen zur Verfassung von 1967
vor[120].

---

[118] Vgl. *Sanguinetti—Pacheco Seré*, S. 148.

[119] Vgl. *Barbagelata*, S. 111; *J. Jiménez de Aréchaga*, La Constitución,
Bd. 6, S. 20.

[120] Vgl. *Rodriguez* in „Diario de Sesiones de la Asamblea General" vom
23./24. 8. 1966, S. 31. Die politische Wirklichkeit seit Inkrafttreten der neuen
Verfassung unterstreicht diese Auffassung.

c) Neuschaffung und Umstrukturierung der Ministerien

Die Zahl der Minister erhöht sich von 9 (in der Verfassung von 1952) auf 11[121]. Insoweit ließen sich die Verfassungsgeber in großen Zügen vom CIDE-Plan[122] inspirieren, der das bis 1967 geltende System wie folgt analysierte: „... Die gegenwärtige Geschäftsverteilung ist heterogen und es ist kein Kriterium ersichtlich, das dieser Verteilung zu Grunde liegen könnte. Vom Grundsatz der Spezialisierung ist nichts zu spüren: So gibt es innerhalb der Ministerien Geschäftsbereiche, die dem Ressort an und für sich völlig fremd sind, manche Funktionen werden mehrfach ausgeübt und es gibt verschiedene Abteilungen, die denselben Geschäftsbereich haben...[123]"

Bei der Neuschaffung und Umstrukturierung der Ministerien und ihrer Geschäftsbereiche stand, wie bei der allgemeinen Erweiterung der Rechte der Regierung, im Hintergrund die Absicht des Verfassungsgebers, auch hier mehr Fortschritte durch eine Reorganisation und Stärkung der Exekutive zu erreichen.

d) Der Ministerrat

Mit der Wiedereinführung des Ministerrates behält die uruguayische Verfassung, bei einigen Neuerungen, das System bei, das bereits seit 1934 für dieses Regierungsorgan galt. Die neue Verfassung beseitigt aber die Hindernisse, die einer weiteren Parlamentarisierung des uruguayischen Verfassungssystems im Wege standen. Dazu zählte einmal der Proporz, nach dem die Sitze im Ministerrat auf die Parteien verteilt wurden[124], wie auch das Recht des Präsidenten, wenigstens vier der damals neun Minister aus seinen eigenen politischen Reihen zu ernennen[125].

Der Ministerrat der Verfassung von 1967 setzt sich aus den Ministern oder ihren Stellvertretern zusammen (Artikel 160). Er ist beschlußfähig mit der Mehrheit seiner Mitglieder und entscheidet mit der Mehrheit der Stimmen der Anwesenden (Artikel 162).

Besonders auffällig ist die Stellung des Präsidenten in diesem Regierungsorgan. Der Präsident, der gemeinsam mit dem Ministerrat handelt (Artikel 149 und 168), ist in Übereinstimmung mit dem Wortlaut der neuen Verfassung nicht Mitglied des Ministerrates. Er führt aber den Vorsitz in diesem Gremium, und zwar mit Sitz und Stimme, wobei seine

[121] Vgl. Artikel 174 Absatz 1 und Sondervorschrift E der neuen Verfassung.
[122] Vgl. oben FN 43.
[123] Vgl. CIDE, Bd. 4, Kapitel 2, B. Nr. 4.
[124] Vgl. Artikel 163 der Verfassung von 1934.
[125] Vgl. Artikel 162 der Verfassung von 1942.

Stimme auch dann den Ausschlag gibt, wenn die Stimmengleichheit mit seiner eigenen Stimme herbeigeführt wurde (Artikel 161). Der Präsident der Republik nimmt also teil an der Tätigkeit des Ministerrates, ist aber nicht sein Bestandteil[126].

Diese Konstruktion macht auch verständlich, daß der Ministerrat über ein Mißtrauensvotum gestürzt werden kann, ohne daß der Präsident berührt würde. In diesem Zusammenhang ist auch von Bedeutung, daß der Präsident den Ministerrat einberufen kann, „wenn er es für notwendig hält", während die Minister dies nur dürfen, „um ihr Ressort betreffende Angelegenheiten zu behandeln" (Artikel 160 und 161)[127].

Da die Regierungsgeschäfte zugleich Geschäfte des Ministerrates und des Präsidenten sind, hat die neue Verfassung die Regierungstätigkeit ausschließlich diesem kollegialen Gebilde zugeordnet. Die Verfassung spricht darum auch vom Präsidenten „im Ministerrat"[128], „in Zusammenarbeit mit dem Ministerrat"[129] oder „in Übereinstimmung mit dem Ministerrat"[130], anstatt dem Ministerrat eigene Befugnisse einzuräumen. Mit Ausnahme der Geschäftsordnung des Ministerrates, die dieser in eigener Zuständigkeit beschließen kann (Artikel 166), sind alle Handlungen dieses Organs juristisch dem Präsidenten zugeordnet und bedürfen daher der Gegenzeichnung des oder der zuständigen Minister (Artikel 168 Ziffer 25), auch dann, wenn der oder die betreffenden Minister gegen die mit Mehrheit getroffene Entscheidung des Ministerrates gestimmt haben[131].

5. Eine „autonome" Regierung

In der Absicht, die Exekutive und damit den gesamten Staatsapparat zu stärken, gibt die Verfassung den Regierungsorganen auf nationaler wie auf departamentaler Ebene teilweise die Befugnis zu autonomer Verwaltung.

---

[126] Vgl. *Cassinelli Muñoz*, a. a. O. Eine ähnliche Sonderstellung hat der Vizepräsident, der juristisch weder Mitglied des Senats noch der „Asamblea General" ist, obwohl er in beiden Organen als deren Vorsitzender Sitz und Stimmrecht hat.

[127] Mit dem letzten Zusatz wollte der Verfassungsgeber augenscheinlich eine übertriebene Kollegialisierung der Regierung verhindern, eine Erscheinung, die insbesondere unter dem System von 1952 die Tätigkeit der Regierung erheblich lähmte. Vgl. *Vaz* in „Diario de Sesiones de la Asamblea General" vom 18. 8. 1966, S. 19. Bereits im Nationalen Verfassungskonvent von 1934 war diese Beschränkung vorgeschlagen worden, allerdings ohne Erfolg.

[128] „En Consejo de Ministros", vgl. z. B. Artikel 174, Absatz 2.

[129] „Actuando con el Consejo de Ministros" (Artikel 149).

[130] „En acuerdo con el Consejo de Ministros" (Artikel 187 Absatz 1).

[131] Beachte insoweit den Vorbehalt in Artikel 175, wonach die Verantwortung in diesem Fall nur den zustimmenden Teil des Ministerrates trifft.

Die früheren uruguayischen Verfassungen unterschieden zwischen Exekutive und autonomer Verwaltung. Das eine war die zur Ausführung bestehenden Rechts notwendige Verwaltungstätigkeit, das andere umfaßte außerdem die Befugnis, neue Rechtsvorschriften zu erlassen, auch wenn diese zur Durchführung der bestehenden Vorschriften nicht erforderlich waren und mehr eigenen politischen Vorstellungen des autonomen Verwaltungsorgans entsprachen[132].

Gemäß Artikel 168 Ziffer 4 und Artikel 274 der Verfassung von 1952 hatten grundsätzlich weder die uruguayische Zentralregierung noch die Departementsregierungen das Recht, eigene Rechtsvorschriften zu erlassen. Dies hielt der Verfassungsgeber auch nicht für erforderlich, da ja sowohl der Zentralstaat als auch die Departements über eigene Gesetzgebungsorgane verfügten, so daß den Regierungen nur die Möglichkeit gegeben war, gewünschte rechtliche Neuerungen auf dem Wege einer Gesetzesinitiative zu erreichen. Andererseits verfügen die autonomen Staatsbetriebe („Entes Autónomos" und „Servicios Descentralizados") — nur im Ansatz entwickelte Staatsorgane — nur über ein einziges Organ (Verwaltungsrat oder Direktorium oder Generaldirektor). Dieses Organ bildet die Verwaltungszentrale des betreffenden Betriebes. Ihm ist es aber versagt, neues Recht zu setzen. Die Autonomie dieser Gesellschaften drückt sich folglich in Form von Anordnungen aus, die nicht Durchführungsverordnungen geltenden Rechts, sondern allein Ausfluß der Autonomie dieser Gesellschaften sind[133].

Die Verfassung von 1967 hält an diesem System allgemein fest, verändert aber einige Einzelheiten, um die Befugnisse der Regierungsorgane zu erweitern. Gemäß Artikel 174 Absatz 2 kann die Regierung die gesetzlich geregelte Verteilung der Geschäftsbereiche unter den Ministern verändern. Der Präsident der Republik kann danach im Einvernehmen mit dem Ministerrat Regelungen treffen, die nicht nur „praeter legem", sondern, nach dem Vorbild der französischen Verfassung von 1958[134], sogar „contra legem" gehen können[135]. Mit dieser Vorschrift

---

[132] Vgl. *Cassinelli Muñoz*, a. a. O., S. 43.

[133] Vgl. *Prat*, Autonomía en la descentralización por servicios, in I. E. P. A. L., Alcances, S. 103.

[134] «Les matières autres que celles qui sont du domaine de la loi ont un caractère réglementaire. Les textes de forme législative intervenus en ces matières peuvent être modifiés par décrets pris après avis du Conseil d'Etat. Ceux de ces textes qui interviendraient après l'entrée en vigueur de la présente constitution ne pourront être modifiés par décret que si le Conseil constitutionnel a déclaré qu'ils ont un caractère réglementaire en vertu de l'alinéa précédent.» (Artikel 37 der französischen Verfassung vom 3. Juni 1958). Die französische Verfassung und insbesondere diese Vorschrift, die vom außerparlamentarischen Ausschuß praktisch in den Kompromißentwurf von 1966 („reforma naranja") übernommen worden war, waren ausdrücklich Gegenstand der parlamentarischen Beratungen, die dem Volksent-

scheint sich die Verfassung von dem eingangs (Artikel 174 Abs. 1) angeführten Grundsatz — die Bestimmung und Verteilung der ministeriellen Tätigkeit dem Gesetz zu überlassen — zu lösen und zu dem System
zurückzukehren, das bereits die beiden ersten uruguayischen Verfassungen (1830 und 1918) kannten. Sie bildet auch eine deutliche Ausnahme im Verhältnis zu Artikel 168 Ziffer 4, wonach die Regierung in
erster Linie mit der Ausführung von Gesetzen beauftragt ist. Obwohl
einmal (Artikel 174 Absatz 1) von einer Verteilung und zum anderen
(Artikel 174 Absatz 2) von einer Neuverteilung die Rede ist, die im
ersten Fall nur durch Gesetz und im zweiten Fall vom „Präsidenten im
Ministerrat" vorgenommen werden kann, ist hier eine gewisse Disharmonie unverkennbar, da diese Vorschrift zwei verschiedenen Verfassungsorganen im Grunde dieselben Befugnisse einräumt. Denn im
Falle der Neuverteilung kann nicht ohne Bedenken davon ausgegangen
werden, daß es sich hier, anders als bei Artikel 174 Absatz 1, lediglich
um eine Vorschrift handelt, die die Verwaltungsorganisation intern
regelt[136]. Auch Artikel 185 Absatz 4, Artikel 215, Artikel 221 Absatz 6
und Absatz 3 der Sondervorschrift E) räumen der Regierung einige
autonome Bereiche ein, sie gehen aber nicht so weit, wie es bei der Regelung der Neuverteilung der Geschäftsbereiche in Artikel 174 Absatz 2
der Fall ist, Verordnungen „contra legem" zu gestatten.

Dieses System dehnt die Verfassung auch auf die Departements
aus[137]. Hier ist nicht nur eine Übertragung von Befugnissen des Intendenten, sondern auch eine Veränderung der Geschäftsbereiche innerhalb
der Departementsregierung durch den Intendenten möglich (Artikel 278,
279, 280). Die Intendenten der uruguayischen Departements haben somit, entsprechend dem Recht der Zentralregierung, die Möglichkeit,
Verordnungen zu erlassen, die keiner gesetzlichen Grundlage bedürfen (Artikel 279).

6. Übertragung von Zuständigkeiten innerhalb der Regierung

Erweiterungen der Artikel 168 und 181 räumen der Regierung im
allgemeinen und dem Ministerrat im besonderen das Recht ein, ihre

---

scheid über die Verfassungsreform vorausgingen. Vgl. *García Mullin*, a. a. O.,
S. 75; *Sanguinetti—Pacheco Seré*, S. 158.

[135] Vgl. *Cassinelli Muñoz*, a. a. O.

[136] Vgl. *Sayagués Laso*, a. a. O., Bd. 1, S. 123 *Pacheco Seré* in „La Mañana" vom 16. 5. 1967.

[137] Artikel 174 spricht von „funciones ejecutivas" und von „funciones
administrativas" der Regierung.

Befugnisse zu übertragen. Die Artikel 160, 174 und 181 Ziffer 8 vervollständigen dieses für die uruguayische Verfassung neue System, das wie folgt funktioniert:

a) Der Präsident der Republik kann im Verein mit dem Ministerrat die verfassungsmäßigen Befugnisse der Regierung übertragen, soweit es sich nicht um Befugnisse handelt, die ausschließlich dem Ministerrat vorbehalten sind. Zu diesen nicht übertragbaren Zuständigkeiten gehören:

(1) Das allgemeine Recht des Ministerrates, solche Regierungs- und Verwaltungsangelegenheiten zu behandeln, die der Präsident oder der zuständige Minister vorgelegt hat (Artikel 160).

(2) Das Recht des Ministerrates, sich eine Geschäftsordnung zu geben (Artikel 162 und 166).

(3) Das allgemeine Recht, eigene Entscheidungen oder Entscheidungen des Präsidenten zu widerrufen, die dieser im Einvernehmen mit dem oder den zuständigen Ministern getroffen hat (Artikel 164, 165).

(4) Das Recht, eine Gesetzesvorlage für dringlich zu erklären (Artikel 160, 168 Ziffer 7).

(5) Das Recht, diplomatische Beziehungen abzubrechen oder den Krieg zu erklären (Artikel 160, 168 Ziffer 16).

(6) Das Recht, der „Asamblea General" einen Haushaltsentwurf vorzulegen und die Rechnungsprüfung (über die verschiedenen Staatsorgane und Gesellschaften) vorzunehmen (Artikel 160, 168 Ziffer 19, 211 G, 214, 219, 220, 221, 239 Ziffer 3, 321, 323).

(7) Das Recht, Direktoren der Staatsbetriebe zu ernennen, sofern für diese keine ausdrückliche Wahl vorgeschrieben ist und das Gesetz keine andere Form der Ernennung vorschreibt (Artikel 187 und Sondervorschriften F, G a, H, M a, N und P).

(8) Das Recht, staatliche Vertreter für die Direktionen der Unternehmen zu ernennen, an denen der Staat beteiligt ist (Artikel 188 Absatz 4 Satz 2).

(9) Das Recht, für die Direktoren der Staatsgesellschaften Vertreter zu benennen, solange das Absetzungsverfahren läuft (Artikel 198 Absatz 3).

b) Die Übertragung von Befugnissen kann nur an einen oder mehrere Minister erfolgen. Dies ergibt sich zwar nicht ausdrücklich aus dem Verfassungstext, aber aus folgenden Erwägungen:

(1) Es hätte keinen Sinn, in den Übergangs- und Sondervorschriften der Regierung ausdrücklich das Recht zuzugestehen, Befugnisse an verschiedene andere Behörden zu übertragen, wenn die Regierung dies bereits nach den allgemeinen Vorschriften könnte.

(2) Eine Übertragung an andere Stellen als an die Ministerien könnte für den Fall, daß der oder die sonst zuständigen Minister diese Übertragung nicht billigten, die Verantwortlichkeit der Minister verzerren.

(3) Für eine ausschließliche Zuständigkeitsübertragung an einen oder mehrere Minister spricht auch Artikel 181 Ziffer 8 und 9, wonach die einzelnen Minister ihrerseits Befugnisse an andere, von den Ministern verschiedene Organe übertragen können. Dieses Recht, das in erster Linie zu einer Rationalisierung der ministeriellen Verwaltung führen soll, erstreckt sich auf originäre Befugnisse der Minister, wie auch auf solche, die ihnen von der Regierung im Ministerrat übertragen wurden.

c) Neben diesem Recht auf Übertragung gewisser Befugnisse erlaubt die Verfassung von 1967 dem Präsidenten im Verein mit dem Ministerrat, die durch Gesetz festgelegten Geschäftsbereiche der einzelnen Minister neuzuverteilen (Artikel 174 Absatz 2). Daraus ergibt sich, daß auch die Übertragung der o. a. Befugnisse an jeden beliebigen Minister und nicht unbedingt an einen oder mehrere bestimmte — vielleicht sonst zuständige — Minister erfolgen kann.

Da die Minister hier aber nur in Übereinstimmung mit den Gesetzen und dem Willen der Regierung tätig werden können, gilt auch in der neuen Verfassung der Grundsatz, nach dem die Minister — auch bei Ausübung eigener Befugnisse — nicht nur gesetzliche Regelungen, sondern auch den geäußerten Willen der Regierung beachten müssen[138].

d) Die einzelnen Minister können ihre verfassungsmäßigen, gesetzlichen oder vom Ministerrat an sie übertragenen Befugnisse unter Beibehaltung ihrer politischen Verantwortung übertragen (Artikel 160 i. V. mit Artikel 168 Ziffer 24). Diese Übertragung kann daher nur an solche Beamte oder Organe erfolgen, die dem übertragenden Minister untergeordnet sind und somit noch in den Verantwortungsbereich dieses Ministers fallen[139].

VI. Die autonome Verwaltung in der Verfassung von 1967

1. Straffung der Organisation der Staatsbetriebe

Die Autonomie der „Entes Autónomos" und „Servicios Descentralizados" hatte in der Verwaltungspraxis eine ständige Ausdehnung erfahren, auch wenn das Grundkonzept der Verfassung von 1918 wie auch

---

138 Vgl. *Giorgi*, La naturaleza de la institución ministerial, in „Anales Administrativos", Montevideo, Bd. 1, Nr. 4, S. 116.
139 Vgl. *Cassinelli Muñoz*, a. a. O.; derselbe, La Delegación de Atribuciones en la Constitución Uruguaya, in *Cuadernos* Nr. 19, S. 158 ff.

die Zahl der Direktoriums- und Verwaltungsratsmitglieder in den folgenden Verfassungen beibehalten wurde. Die wirtschaftlichen Schwierigkeiten des Landes zeigten sich dann auch im besonderen Maße bei
diesen Betrieben, die, als Folge einer übertriebenen Autonomie und
einer maßlosen Politisierung, die kritische Situation am wenigsten zu
meistern vermochten.

Die Staatsbetriebe machten immer mehr den Eindruck von schlecht
geführten Aktiengesellschaften und nicht von Unternehmen, die im
Dienste der Öffentlichkeit stehen. Von einer gemeinsamen wirtschaftlichen Linie war nichts zu spüren. So wurde dann auch immer lauter
nach einer einheitlichen sozial- und wirtschaftspolitischen Marschroute
des Staates gerufen, ohne daß die Autonomie der Staatsbetriebe im Kern
verändert werden sollte[140].

Diese Überlegungen veranlaßten dann auch die Verfassungsväter von
1966 zu entscheidenden Veränderungen in der Organisation dieser Betriebe. Diese Veränderungen sollten dann in erster Linie bei der Anzahl
und bei der Form der Ernennung der Direktoriums- und Verwaltungsratsmitglieder vorgenommen werden.

Nach der neuen Verfassung nimmt der Präsident der Republik die
Ernennung vor „in Übereinstimmung mit dem Ministerrat und nach vor-
hergehender Billigung durch den Senat, der einer Ernennung aber nur
aus persönlichen oder fachlichen Erwägungen widersprechen darf, und
zwar mit Dreifünftel-Mehrheit. Wenn der Senat diese Zustimmung
nicht innerhalb von 60 Tagen erteilt, kann die Regierung neue Vor-
schläge unterbreiten oder den ersten Vorschlag wiederholen. Im letzteren Fall reicht zur Billigung der Ernennungen die absolute Mehrheit ..." (Artikel 187).

Obwohl die neue Regelung trotz der Abschaffung des „3 : 2"-Systems[141]
keine entscheidende Veränderung im Vergleich zur Verfassung von 1952
bringt, erscheint sie beweglicher[142], zumal es der Regierung überlassen
bleibt, Art und Umfang der Beteiligung der oppositionellen Gruppen im
Gespräch mit diesen zu ermitteln[143], während das „3 : 2"-System der

---

[140] Vgl. *Giorgi*, Administración, S. 80 u. 83.

[141] Vgl. oben Zweiter Abschnitt § 5 II.

[142] Vgl. *Sanguinetti*, Política y Administración, in I. E. P. A. L., Alcances,
S. 123.

[143] Bereits vor seinem Amtsantritt (1967) hatte der gewählte Präsident
Gestido der stärksten Fraktion der unterlegenen „Blanco"-Partei einige
Direktions- und Verwaltungsratssitze in verschiedenen Staatsbetrieben an-
geboten, um diese Gruppe so zu einer Unterstützung der Regierungspolitik
zu bewegen. Dieses Angebot wurde aber zurückgewiesen. Vgl. *Gros Espiell*,
El proceso de la reforma constitucional, in *Cuadernos*, Nr. 19, S. 35, FN 53.

Verfassung von 1952 die Direktoriums- und Verwaltungsratssitze noch nach einem bestimmten Zahlenschlüssel unter die führenden politischen Gruppen verteilte.

Nachdem die Verfassung von 1952 die Zahl der Vorstandsmitglieder der Staatsbetriebe bis auf sieben erhöht hatte, setzt die neue Verfassung diese Zahl allgemein herab. Nach Artikel 185 der Verfassung von 1967 werden die Staatsgesellschaften nun von „Direktorien oder Generaldirektoren" geleitet, wobei die Direktorien mit höchstens fünf Mitgliedern zu besetzen sind. Durch Gesetz, das mit Zweidrittel-Mehrheit beider Kammern verabschiedet werden muß, kann bestimmt werden, daß die Leitung der „Servicios Descentralizados" in die Hände von Generaldirektoren gelegt wird, die nach Maßgabe des Artikels 187 zu ernennen sind[144].

Die Reorganisation der autonomen und dezentralisierten Staatsbetriebe bringt eine gewisse Entpolitisierung und Technisierung der uruguayischen Verwaltung mit sich[145]. Neben der uruguayischen Wirtschaft könnten insbesondere die politischen Parteien Nutznießer dieser Neuregelung sein, denn das „3 : 2"-System hatte den traditionellen Fraktionalismus innerhalb der beiden großen Parteien zu einem Mittel fortschreitender Selbstzerfleischung dieser Parteien werden lassen[146].

2. Errichtung einer Zentralbank

Neben der uruguayischen Staatsbank, dem „Banco de la República", gibt es etwa seit Inkrafttreten der neuen Verfassung einen „Banco Central", der ebenfalls als autonomer Staatsbetrieb organisiert ist und der die durch die anhaltende Wirtschaftskrise überforderte Staatsbank entlasten soll (Artikel 196 und Sondervorschriften H und F).

Nach der Neuregelung geht vor allem das bisherige Emissionsrecht der Staatsbank auf die Zentralbank über. Dieses in einem besonderen Gesetz[147] niedergelegte Recht umfaßt neben der Geldemission „die Ver-

---

[144] Vgl. *Prat*, Los entes autónomos y los servicios descentralizados en la Constitución de 1967, in *Cuadernos*, Nr. 19, S. 108 ff.

[145] Vgl. *Sanguinetti—Pacheco Seré*, S. 182.

[146] Nicht nur jeder Staatsrat („Consejero Nacional"), sondern auch jedes Vorstandsmitglied einer Staatsgesellschaft verfügte über eine eigene politische Hausmacht, was die beiden großen Parteien, aus deren Reihen diese Führungspositionen ausschließlich besetzt wurden, immer mehr zersplitterte. Vgl. Rede des Abgeordneten *Lanza*, in „Diario de Sesiones de la Asamblea General" vom 23. und 24. August 1966, S. 47.

[147] Organisationsgesetz für die Staatsbank (Gesetz Nr. 9801) vom 2. Januar 1939.

wahrung und Verwaltung der Gold- und Silberreserven"[148] wie auch
die verantwortliche Leitung der nationalen Finanzpolitik. Alle diese
Rechte, zu denen auch die Überwachung der privaten Bankwirtschaft
zählt[149], werden nunmehr von der Zentralbank wahrgenommen, während die so entlastete Staatsbank sich in verstärktem Maße den zahlreichen Problemen der uruguayischen Wirtschaft widmen kann[150].

3. Wirkungsvollere Überwachung durch die Regierung

Die Erweiterung der Kontrollfunktionen der Regierung über die
autonomen Staatsbetriebe machen den Willen des Verfassungsgebers
deutlich, die Politik des Landes möglichst weitgehend in der Hand der
Exekutive zu koordinieren und das bisherige übertriebene Autonomie-
konzept der Verfassung zu straffen. Eine spürbare Reform bringen in
diesem Sinne insbesondere die Artikel 197 und 198 der neuen Verfassung.

„Wenn die Regierung die gesamte Geschäftsführung oder einzelne
Handlungen der Direktorien oder der Generaldirektoren für falsch oder
ungesetzlich hält, kann sie intervenieren und die mißbilligten Akte vorübergehend aufheben" (Artikel 197 Absatz 1).

Dieses Aufhebungsrecht ist ein Novum im uruguayischen Verfassungsrecht und hat das erklärte Ziel, die zentrale Überwachung der Staatsbetriebe durch die Regierung wirkungsvoller zu machen. Aber auch hier
bleibt das Parlament die letzte Instanz, denn die letzte und verbindliche
Entscheidung über eine Beanstandung der Tätigkeit der Staatsbetriebe
und damit verbundene personelle Veränderungen liegt nach wie vor
beim Senat (Artikel 197 Absatz 2)[151]. Im Gegensatz zu der Regelung bei
der Ernennung der Direktoren und Generaldirektoren (Artikel 187) ist
aber die Maßnahme der Regierung auch ohne den erklärten Willen des
Senates rechtswirksam, wenn dieser nicht innerhalb von 60 Tagen in
der Angelegenheit entscheidet (Artikel 198 Absatz 2). Zur Aufrechterhaltung der Verwaltungstätigkeit in den betreffenden Betrieben hat

---

[148] «El Departamento de Emisión tendrá a su cargo la emisión de billetes
con carácter de privilegio exclusivo y la custodia y administración del encaje
presente y futuro en oro y plata» (Artikel 16 des Gesetzes).
[149] «Serán además, funciones del Departamento de Emisión: ...
   b) La supervigilancia de las disposiciones que se dicten sobre el régimen
de la Banca privada, nacional y extranjera ...» (Artikel 18).
[150] Vgl. *Cagnoni*, Banco y Finanzas en la nueva Constitución, in I. E. P.
A. L., Alcances, S. 129; *Prat*, a. a. O., S. 117; *Sanguinetti—Pacheco Seré*, S. 189.
[151] Die Verfassung von 1952 (Art. 199) gab der Regierung zwar auch das
Recht, die Tätigkeit der Direktorien zu beanstanden; direkt einschreiten
konnte die Regierung aber nicht.

die Regierung außerdem das Recht, bis zur Entscheidung durch den Senat die abberufenen Direktoren durch Vorstandsmitglieder anderer Staatsgesellschaften vorübergehend zu ersetzen (Artikel 198 Absatz 3). Einer solchen Maßnahme könnte der Senat zunächst nicht einmal widersprechen, auch wenn seine Zustimmung letztlich unabdingbar ist.

Der Geist der neuen Verfassung schlägt sich neben den entscheidenden Änderungen innerhalb der Regierungsstruktur insbesondere in dem Abschnitt über die Autonomen Staatsbetriebe nieder (Art. 185—205). In der Umstrukturierung dieser Betriebe wird, trotz der erweiterten Kontrollfunktion der Regierung, die Absicht des Verfassungsgebers deutlich, sich vom übertriebenen staatlichen Interventionismus der Verfassung von 1952 zu lösen[152]. Diese Absicht ergibt sich nicht zuletzt aus der spürbaren Entpolitisierung der Staatsbetriebe[153] und der damit verbundenen Straffung ihrer Organisation, was dazu beitragen kann, das Schicksal dieser Unternehmen, die das Schicksal der gesamten uruguayischen Wirtschaft entscheidend mitbestimmen, mehr in die Hände von Fachleuten zu legen, die einerseits eine sachorientierte Führung, andererseits aber auch eine einheitliche und leistungsstarke Wirtschafts- und Sozialpolitik gewährleisten[154].

---

[152] Vgl. *Barbé Pérez*, S. 26 ff.; *Sanguinetti* (Mitglied der verfassunggebenden Versammlung), a. a. O., S. 123; *Sanguinetti—Pacheco Seré*, S. 205 ff.
[153] Vgl. insbesondere Artikel 187 sowie oben § 3 VI 1.
[154] Zur Notwendigkeit einer solchen Entwicklung vgl. *Giorgi*, Administración, S. 151.

Schluß

In den mehr als 140 Jahren politischer Unabhängigkeit hat Uruguay sechs verschiedene Verfassungssysteme erprobt. Diese reiche Entwicklung hat dafür gesorgt, daß das kleine Land am Río de la Plata über ein festes Verfassungsgerüst verfügt, dessen Bestandteile es in institutioneller Hinsicht zum Teil stark von den wirklich unterentwickelten Ländern unterscheiden. Bei allen Unvollkommenheiten und Verfälschungen haben Freiheit und Toleranz und der allgemeine Wunsch nach einem sozialen Rechtsstaat, um nicht zu sagen „Wohlfahrtsstaat", in Uruguay ihren sichtbaren Ausdruck gefunden.

Eine fast ununterbrochene Demokratie, ein, verglichen mit allen anderen lateinamerikanischen Staaten, erstaunlich hoher Lebensstandard sowie eine der ältesten und fortschrittlichsten Sozialgesetzgebungen der Welt schufen die Grundlage dafür, daß Uruguay trotz aller neuerlichen politischen, wirtschaftlichen und sozialen Unebenheiten als ein Vorbild moderner und sozialer Rechtsstaatlichkeit angesehen werden kann, wo die Verfassungsnormen sich in einer reichen und bewegten Entwicklung immer wieder den Erfordernissen der politischen Wirklichkeit angepaßt haben.

Dem kann auch nicht entgegengehalten werden, daß die politischen Machtverhältnisse in Uruguay in gewisser Hinsicht seit nun fast einem Jahrhundert eingefroren sind, was sich darin zeigt, daß der politische Machtprozeß insbesondere auf Grund eines originellen Parteien- und Wahlsystems schließlich immer wieder von den gleichen politischen Kräften („Blancos" und „Colorados") bestimmt wird. Auch wenn dieses System (insbesondere das der „lemas" und „sublemas") eine größere Entfaltung der anderen, kleineren Parteien praktisch unmöglich erscheinen läßt, kann man wohl kaum von einer Behinderung der politischen und sozialen Entfaltungsfreiheit des uruguayischen Volkes sprechen. Denn aus vielen, zum Teil rational nicht unmittelbar erklärlichen, aber in erster Linie wohl historischen Gründen hat sich der politische Machtprozeß mit ständiger Billigung des uruguayischen Volkes im Laufe der Jahrzehnte stabilisiert.

Bei alledem beherrschen die von der Verfassung gesetzten Normen den politischen Prozeß, dies trotz zum Teil unmerklicher Metamorphose durch politische Übungen und Gewohnheiten, die in Abständen immer wieder von Verfassungsänderungen aufgefangen wurden, die die Verfassungsnormen mit Billigung des Souveränitätsträgers immer wieder den Erfordernissen des Machtprozesses und den Veränderungen der innerstaatlichen Wirklichkeit anpaßten.

Dies ist das eigentlich Dauerhafte des gesamten uruguayischen Verfassungssystems und es läßt die Einsicht zu, daß die Organisation der Staatsgewalt veränderlich gehalten und den Umständen entsprechend strukturiert ist. Es ist nicht einfach, dieses Gebaren ursächlich festzulegen. Aber unabhängig von jeder Zuordnung bildet es eine unleugbare Tatsache.

Literaturverzeichnis

Acevedo, Eduardo: Artigas, Montevideo, 1933.

Acevedo, Pablo Blanco: El Centenario de la Independencia Nacional, Montevideo, 1922, zitiert: Centenario.

— Estudios Constitucionales, Montevideo, 1939, zit.: Estudios.

Alberdi, Juán Bautista: Obras Completas, Band 3, Buenos Aires, 1886.

Araya, Rodriguez: Génesis Constitucional de la República Oriental del Uruguay, Montevideo, 1955.

Barbagelata, Anibal L.: El Consejo de Ministros en la Constitución, Montevideo, 1950.

Barbé Pérez, Héctor: Aspectos administrativos en la reforma constitucional uruguaya. Montevideo, 1967.

Bastid, Paul: Le Gouvernement d'Assemblée, Paris, 1956.

Burdeau, Georges: Droit Constitutionnel et Institutions Politiques, Paris, 1962.

Bridel, Marcel: Précis de droit constitutionnel et public suisse, Band 2: Les organes de l'Etat, Lausanne, 1959.

Bruschera, Oscar: Los partidos tradicionales en el Uruguay, Montevideo, 1966.

Cálderon, Gonzáles: Curso de Derecho Constitucional, Buenos Aires, 1943.

Chatelain, Jean: La nouvelle constitution et le régime politique de la France, 2. Auflage, Paris, 1959.

C. I. D. E. (Commisión de Inversiones y Desarollo Económico): Plan Nacional de Desarollo Económico y Social 1965—1974, Montevideo, 1966.

Cuadernos Nr. 19 (de la Facultad de Derecho y Ciencias Sociales): Estudios sobre la Reforma Constitucional, Montevideo, 1967.

Couture, Eduardo J.: La constitution uruguayenne de 1952, Paris, 1954.

De la Bandera, Manuel: La Constitución de 1952, Montevideo, 1957.

Demicheli, Alberto: El Poder Ejecutivo, Buenos Aires, 1950, zit.: Ejecutivo.

Demicheli, Alberto: Los entes autónomos, Montevideo, 1925, zit.: Los entes.

Duguit, León: Manuel de droit constitutionnel Paris, 1923.

Duguit—Monnier—Bonnard—Berlia: Les constitutions et les principales lois politiques de la France depuis 1789, 7. Auflage, Paris, 1952.

Duverger, Maurice: Droit Public, 2 Bände, Paris, 1957/59.

Esmein—Nézard: Eléments de droit constitutionnel, Band 1, 8. Auflage, Paris, 1928.

134   Literaturverzeichnis

Espalter, Aquiles: La organisación del Ejecutivo en la Constitución de 1934, Montevideo, 1937.

Faraone, Roque: El Uruguay en que vivimos, Montevideo, 1965.

Fitzgibbon, Russel H.: Uruguay, Portrait of a democracy, New Brunswick, 1954.

Fleiner—Giacometti: Schweizerisches Bundesstaatsrecht, Zürich, 1949.

Gafner, Raymond: L'exercise du pouvoir fédéral par les autorités de la Confédération Suisse, Lausanne, 1945.

Garcia—Cálderon: Die lateinischen Demokratien Amerikas, Leipzig, 1913.

Garcia Pelayo: Derecho constitucional comparado, 3. Auflage, Madrid, 1953.

Gaudemet, P. M.: Le Pouvoir Exécutif, pays occidentaux, Heft 2, Madrid, 1961.

Gebhardt, Hermann P.: Guerillas: Schicksalsfrage für den Westen, Stuttgart 1971.

Giacometti, Zaccaria: Das Staatsrecht der schweizerischen Kantone, Zürich, 1941.

Giorgi, Hector: La Nueva Administración Pública, Montevideo, 1965, zit.: Administración.

Giraud, Emile: Le pouvoir exécutif dans les démocraties d'Europe et d'Amérique, Paris, 1938.

Giudice—Conzi: Batlle y el Batllismo, Montevideo, 1959.

Gros Espiell: La integración económica de Latino-América y la constitución uruguaya, in „Verfassung und Recht in Übersee", H. 1, S. 55—64, Hamburg, 1969.

— El Partido Nacional y la Reforma de la Constitución, Montevideo, 1952.

— Esquema de la Evolución Constitucional del Uruguay, Montevideo, 1966, zit.: Esquema.

— La Corte Electoral, Montevideo, 1960, zit.: La Corte Electoral.

— Las Constituciones del Uruguay, Madrid, 1956, zit.: Las Constituciones.

— Los partidos políticos en la constitución uruguaya, Montevideo, 1965, zit.: Los partidos.

— Periodismo y Derecho, Montevideo, 1965, zit.: Periodismo.

Hauriou, André: Manuel élémentaire de Droit Constitutionnel, Paris, 1925.

Heller, Hermann: Staatslehre, 2. Auflage, Leiden, 1961.

His, Eduard: Geschichte des neueren schweizerischen Staatsrechts, Basel, 1938.

Huber, Hans: Como se gobierna Suiza, Zürich, 1948.

I. E. P. A. L. (Instituto de Estudios Políticos para América Latina): Uruguay, un país sin problemas en crisis, 2. Auflage, Montevideo, 1965, zit.: Uruguay.
— Alcances y Aplicaciones de la Nueva Constitución Uruguaya, Montevideo, 1967, zit.: Alcances.

Jiménez de Aréchaga, Justino: El Poder Legislativo, 2 Bände, Montevideo, 1906, zit.: Legislativo.

— La Constitución Nacional, 11 Bände, Montevideo, 1946—59, zit.: La Constitución.

— Discurso al recibir el título de profesor emérito, Montevideo, 1957, zit.: Discurso.

— La Constitución de 1952, 4 Bände, Montevideo, 1953, zit.: 1952.

Jiménez de Aréchaga, Justino Eduardo: El Centenario de la Independencia Nacional, Montevideo, 1922, zit.: Centenario.

— Cuestiones de legislación política y constitucional, Montevideo, 1899, zit.: Cuestiones.

— El Poder Ejecutivo y sus Ministros, 2 Bände, Montevideo, 1913, zit.: Ejecutivo.

Kerbusch, Ernst-J.: Das uruguayische Regierungssystem, Köln, 1971.

Lachenal, Paul: La séparation de pouvoirs dans la Confédération suisse spécialment au point de vue de la délégation du droit de légiferer, Basel, 1943.

Lambert, Jacques: Amérique Latine, Paris, 1963.

Lamberg, Robert F.: Die castristische Guerilla in Lateinamerika, Hannover, 1971.

— Politik und Gewerkschaften in Uruguay, Bad Godesberg, 1967.

Lindahl, Göran G.: Uruguay's new path, Stockholm, 1962.

Macdonald, Austin F.: Latin American Politics and Government, New York, 1949.

Magariños de Mello, Matéo J.: El Gobierno de Cerrito, 3. Auflage, Montevideo, 1961.

Martínez, Martín C.: Ante la Nueva Constitución, 2. Auflage, Montevideo, 1964.

Martíns—Gros Espiell: Constitución Uruguaya Anotada, 2. Auflage, Montevideo, 1958.

Maurach, Reinhardt: Handbuch der Sowjetverfassung, München, 1955.

Mendez, Aparicio: El Poder Ejecutivo, Montevideo, 1938. El Contencioso de Anulación en el Derecho uruguayo, Montevideo, 1952.

Mirkine—Guetzévitch, Boris: Constitutions des Nations Américaines, Paris, 1932, zit.: Les constitutions américaines.

— Les Constitutions Européennes, Band 1, Paris, 1951, zit.: Les Constitutions Européennes.

— Le Régime Parlementaire dans les Constitutions Européennes d'après-guerre, Paris, 1937, zit.: Le Régime Parlementaire.

— Modernas tendencias del derecho constitucional, Madrid, 1934, zit.: Tendencias.

Mosca, Gaetano: Partiti e sindacati nella crisi del regime parlamentare, Bari, 1949.

Pendle, George: Uruguay, South Americas first welfare state, London, 1952.

Pivel Devoto, Juan E.: El Congreso Cisplatino, Montevideo, 1937, zit.: Cisplatino.

— Historia de la República Oriental del Uruguay, Montevideo, 1945, zit.: Historia.

— Historia de los partidos políticos, Montevideo, 1942.

Prélot, Marcel: Montesquieu, sa pensée politique e constitutionnel, Paris, 1948.

Puhle, Hans-Jürgen: Politik in Uruguay, in Vierteljahresberichte des Forschungsinstituts der Friedrich-Ebert-Stiftung, Sonderheft 1, Hannover, 1968.

Rama, Carlos M.: Sociología del Uruguay, Buenos Aires, 1965.

Ramírez, Juan A.: Sinopsis de la evolución constitucional, Montevideo, 1949.

Rappard, William E.: La Constitution fédérale de la Suisse, Neuchâtel, 1948.

Real, Alberto Ramón: Derecho Constitucional, Montevideo, 1948—52, zit.: Derecho Constitucional.

— Las estructuras políticas y administrativas uruguayas en relación con el desarollo, Montevideo, 1965, zit.: Estructuras.

— Los decreto-leyes, Montevideo, 1946, zit.: Los decreto-leyes.

— Neoparlamentarismo en América Latina, Montevideo, 1962, zit.: Neoparlamentarismo.

Real de Azúa, Carlos: El impulse y su freno, Montevideo, 1964.

Rodó, José E.: Hombres de América, Barcelona, 1920.

Rovira, Alejandro: La Constitución Uruguaya de 1966 comparada con la de 1952, Montevideo, 1966.

Ruck, Erwin: Schweizerisches Staatsrecht, Zürich, 1957.

Sanguinetti—Pacheco Seré: La nueva constitución, Montevideo, 1967.

Sauser—Hall, Georges: Guide Politique Suisse, 6. Auflage, Lausanne, 1956.

Sayagués Laso, Enrique: El Tribunal de lo Contencioso-administrativo, Montevideo, 1952, zit.: Contencioso.

— Tratado de Derecho Administrativo, 2 Bände, Montevideo, 1953/59, zit.: Tratado.

Secco García: Síntesis de la evolución constitucional (1830—1966) y proceso de sanción de la Constitución 1967, Montevideo, 1967.

Solari, Aldo E.: Estudios sobre la Sociedad Uruguaya, Band 2, Montevideo, 1965.

Taylor, Philip B.: Government and politics in Uruguay, New Orleans, 1960.

— The executive power in Uruguay, Berkely, 1951.

Vedel, Georges: Cours de droit constitutionnel et d'institutions politiques, Paris, 1960—61.

Vescovi, Enrique: El proceso de inconstitucionalidad de la ley, Montevideo, 1967.

MIX
Papier aus verantwortungsvollen Quellen
Paper from responsible sources
FSC® C105338

Printed by Libri Plureos GmbH
in Hamburg, Germany